KB023674

스토아적 삶의 권유

자기 절제와 간헐적 결핍이 주는 의외의 행복

스토아적 삶의 권유

자기 절제와 간헐적 결핍이 주는 의외의 행복

마르코스 바스케스 지음

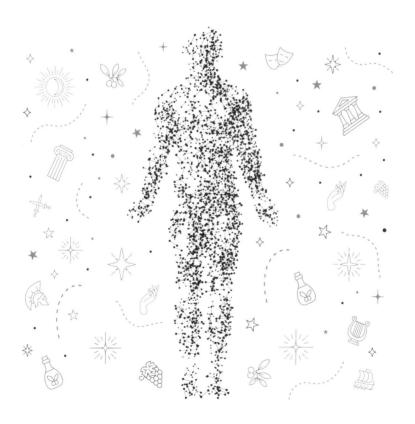

레드스톤

선원들이 별자리의 안내를 받는 것처럼,
우리에게는 생각과 행동을 안내해줄 이상이 필요하다.

• 세네카

제1장

스토아철학의 원칙들

제2장
명확한 시각화

제3장

말이 아닌, 결단력 있는 행동

제4장

존버, 혹은 훈련 견디기

제5장

삶의 무기가 되는 스토아철학

제0장

삶의 개선을 위하여

우리 삶의 질은 대개 '생각의 질'에 달려 있다. 하지만 불행하게도 우리는 생각의 질을 향상시키려는 노력을 하지 않고, 학교에서도 이에 대해 가르쳐주지 않는다. 따라서 우리는 '생각을 어떻게 사용해야 하는지' 모른다. 우리 머릿속에는 우주에서 가장 정교한 기관인 뇌가 있지만, 우리는 뇌의 기능도 모른다. 사람들은 대개 자신이 진정으로 원하는 목표를 이루기 위해 정신력을 활용할 줄도 모른다. 그래서 딴생각이나 하다가 좌절한다. 또한 유혹에 넘어가기도 하고, 역경을 만나면 참지 못하고서 무릎을 꿇고 결국 포기한다.

그러나 다행히 훈련을 하면 정신력을 단련할 수 있다. 그리고 당신은 이 책으로 정신력을 훈련할 것이다. 명확하게 생각하고 결단력을 가지고서 행동하는 훈련을 할 것이며, 그러한 훈련을 견디는 방법도 배울 것이다.

우리 몸 밖에서 변화가 일어나려면 먼저 몸 안에서 변화가 이루어져야 한다. 당신 몸을 바꾸고 싶은가? 그렇다면 당신의 마음 먼저 바꿔야 한다. 약한 정신으로는 절대 강한 몸을 만들지 못하니까.

이 책은 당신의 마음을 단련시킴으로써 당신의 몸도 개선하도록 도와줄 것이다. 하지만 사실은 그 이상의 내용도 담고 있다. 이 책은 '매일 좋은 습관을 기르라'는 단순한 지침을 담은 책이 아니기 때문이다. 즉, 당신만의 삶의 철학을 갖도록 인도해주는 책이기도 하다. 당신이 이 책을 읽으면서 개발할 도구들은 당신이 이루고자 하는 모든 일에 도움이 될 것이다. 삶은 늘 명확성과 결단력 그리고 훈련이 더해질 때 더욱 단순해진다.

특히 삶에 대한 생산적인 관점을 손에 쥐려면 아주 먼 옛날의 거인, 특히 스토아철학자들의 어깨에 올라타야 한다. 그래서 우리는 철학의 요람으로 여행하면서 당대 최고의 사상가들과 함께할 것이다. 세네카Seneca, 에픽테토스Epictetus, 그리고 로마 제국의 황제이기도 했던 마르쿠스 아우렐리우스Marcus Aurelius에게서 직접 배울 것이다. 그들의 전략을 흡수하여 혼돈과 싸울 것이며, 정신의 질서도 바르게 세울 것이다.

제0장 삶의 개선을 위하여

지금 우리가 사는 세상은 그들이 살았던 세상과는 매우 다르지만, 인간의 본질은 변함이 없다. 어차피 우리도 지금 여전히 두려움과 욕망, 분노, 불확실성, 주의 산만, 불안, 의지 부족 등 그 시대의 어려움들과 동일한 어려움들에 맞서 싸우고 있지 않는가. 스토아철학은 수많은 사람들에게 이런 어려움들을 제대로 해결하는 법을 가르쳤다. 또한 역사책 속의 위대한 인물들과 종교적 흐름에도 영향을 주었다. 최근 수십 년간 스토아철학은 뛰어난 운동선수, 군인, 대통령, 기업가 사이에서 들불처럼 퍼지면서 새로운 황금기를 경험하고 있다.

한편, 과학도 최근 몇 년간 크게 발전했다. 수많은 연구가 변화를 촉진하고, 마음을 잘 관리하는 데 필요한 새로운 전략의 실마리도 제공하고 있다. 이 책에서는 여러 유형의 치료법에서 입증된 다양한 도구들을 실용적으로 활용할 것이다.

이러한 고전 철학과 현대 심리학의 조합은 우리의 삶을 개선하는 강력한 정신적 무기이며, 또한 당신도 이를 갖추게 될 것이다.

이쯤에서 이 책의 목적이자 당신이 얻게 될 가치가 어떤 것인지 정리해보자. 이는 다음과 같다. 더 명확해지고, 덜 두려워하기. 목적을 더욱 분명히 하고, 덜 무기력해지기. 더 집중하고, 덜 산만해지기. 마음을 더욱 다스리고, 감정적인 반응 덜 하기. 더 감사하고, 덜 분노하기. 바꿀 수 있는 일은 더 열심히 하고, 바꿀 수 없는 일에 대해서는 덜 불안해하기. 주인공이 되기 위해 더 노력하고, 피해자가 되는 경우는 더욱 줄이기. 더 용기를 갖고, 덜 후회하기. 더 인정하고, 덜 걱정하기.

한 마디로 이 책은 당신이 고통을 덜 받으면서 더 많은 걸 이루도록 도와줄 것이다.

당신 삶의 철학
— 스토아의 거장들을 추억하며

삶의 질은 생각의 질에 달려 있다.

• 마르쿠스 아우렐리우스

우리 중 대다수는 자기 삶의 철학이 없다. 일시적 쾌락을 좇고 불편한 건 피하면서 하루하루를 보낸다. 또한 현실을 애써 외면하며, 눈앞의 이익에 끌려가 그의 노예로 전락한다. 그러면서 '이것이 내가 원하는 삶의 방식일까?' 같은 중요한 질문이 떠오르면 온갖 변명을 늘어놓는다.

철학이 없는 삶은 아무 생각 없이 사는 것과 같다. 우리를 이끌어줄 마음속 나침반이 없다면, 우리는 많은 사람이 가는 길을 아무 생각 없이 따라갈 것이다. 이른바 '사회적 가치와 열망' 같은 것도 의구심 한 번 안 갖고서 고스란히 받아들이고, 진정 가치 있는 삶을 살아보지도 못한 채 죽음을 맞이할 것이다.

우리가 두려워해야 할 것은 죽음이 아니다.
진짜 삶을 시작하지 못한 걸 두려워해야 한다.

• 마르쿠스 아우렐리우스

　자기만의 철학을 세우고 나면, 무엇이 정말 중요한지도 깨우칠 것이다. 그리고 이것은 미래의 가치 있는 목표를 달성하려고 감수하는 현재의 불편함을 견디는 데 도움이 될 것이다. 또 불확실한 시기에 당신을 인도해줄 것이고, 역경을 극복하는 데에도 도움을 줄 것이다.

　대다수 사람들은 자신만의 철학을 갖는 게 중요하다는 사실을 직관적으로 안다. 하지만 정작 어디서부터 시작해야 할지를 모른다. 그렇다면 맨땅에서 시작하기보다는 시간이 내준 시험을 성공적으로 패스한 철학으로 시작하는 게 좋다. 그런 의미에서 앞서 설명했듯이 스토아철학은 훌륭한 출발점이다.

　물론 이것 말고도 다른 선택지들도 있다. 일부 사람들이 의지하는 불교와 같은 동양철학 같은 것 말이다. 앞으로 설명하겠지만 동양철학 등에도 스토아철학과 비슷한 특징들이 있다. 하지만 큰 차이점은 스토아철학이 좀 더 실용적인 접근 방식이라는 것이다.

　스토아학파는 수도원에 들어가서 매일 하루에 몇 시간씩 명상하라고 하지는 않았다. 스토아학파는 행동하는 사람들이었다. 그들 중에는 상인, 상원의원, 운동선수, 황제도 있었다. 스토아철학을 정신의 운영 체계로 삼았던 그들은 이를 현실 세계에서 제대로 적용하려고 애썼다. 생각을 하기보다 행동을 하기 위해서였다. 황제였던 마르쿠스 아우렐리우스와 노예였던 에픽테토스가 이것을 삶에 성공적으로 적용했다. 스토아학파의 원칙은 궁전은 물론 감옥에서도 적용되었다.

각설하고, 자신만의 철학을 세워야 한다는 사실을 명심하라. 그리고 그 영감을 얻기 위해서 이 책을 사용하되, 꼭 스스로 생각하는 시간도 가져야 한다. 이 책의 내용 중에 공감이 되는 것은 취하고, 그렇지 않은 것은 버리면 된다.

책의 내용과 구조

이 책은 크게 다섯 부분으로 이루어져 있다. 일단 스토아학파의 원칙을 검토하면서 시작한다. 스토아학파의 원칙을 전체적으로 훑은 다음에는 세 가지 기본 단계인 '명확한 시각화', '결단력 있는 행동', '훈련 견디기' 등을 살핀다. 끝으로 스토아학파에서 실행하라고 자주 권하는 몇 가지 기술들, 상황에 따라 적절하게 쓸 수 있는 일종의 정신적 무기들을 살펴볼 것이다.

미리 말해두는데, 스토아의 원칙들을 다루는 제1장의 도입부는 약간, 아주 약간 지루할 수 있다. 하지만 걱정 마시라. 오래 걸리지 않는다. 곧 당신은 새로운 인생의 기회를 발견하는 즐거움을 느끼게 될 것이다. 자, 기대감을 갖고 출발해보자.

1. 스토아철학의 원칙들	2. 명확한 시각화	3. 말이 아닌 결단력 있는 행동	4. 존버, 혹은 훈련 견디기	5. 삶의 무기가 되는 스토아철학

제1장

스토아철학의 원칙들

우리는 주변에서 벌어지는 대부분의 사건에 대해 영향력이 없다.
오로지 마음을 다스리는 힘만 가지고 있을 뿐이다.
이 점을 이해하면 다른 방법을 찾게 될 것이다.

• 마르쿠스 아우렐리우스

스토아주의는 매우 실용적인 철학이지만, 이것을 우리 삶에서 활용하려면 기본 개념을 이해해야 한다. 제1장에서는 스토아학파의 가장 중요한 원칙들을 소개하고, 각 부분을 풀어갈 것이다. 이 책은 기본적으로 당신의 건강과 신체를 개선하는 데 도움을 줄 것이다. 아울러 이런 원칙이 특별한 개념이 아니라 일반적이라는 사실도 알게 될 것이다. 이런 변화의 법칙은 보편적이라서 우리 삶의 모든 영역을 개선하는 데에도 활용할 수 있다.

철학은 좋은 삶을 사는 기술이다

철학은 지혜를 사랑하면서
좋은 삶을 사는 기술이다.

• 에픽테토스

스토아주의는 인류의 근본적 질문인 '어떻게 하면 잘살 수 있을까?'에 대답하고 싶어 한다.

스토아학파는 철학을 삶의 인도자로 보았고, 스토아학파의 궁극적 목적은 보통 '행복'으로 번역되는 '에우다이모니아eudaimonia (그리스어로 '선한 영혼'이라는 뜻)'를 얻는 것이었다. 비록 오늘날 우리가 바라보는 행복은 스토아학파가 제시하는 철학적 의미보다는 자아실현이나 개인적 번영과 더 관련이 있다. 하지만 이 책에서는 간단명료하게 표현하려고 이 단어를 계속 사용할 것이다.

이런 관점에서 보면, 에우다이모니아(행복)란 자신의 잠재력을 계발하여 자신의 본모습과 원하는 모습 사이의 격차를 좁히는 것이다.

이 행복은 미덕과 평온이라는 두 가지 측면을 바탕으로 한다.

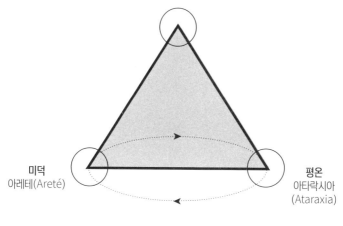

행복을 이루는 두 기둥

    미덕은 우리의 행동 방침을 결정하는 데 도움을 주고, 평온은 감정적 고통을 예방해준다.

미덕

— 4가지 미덕: 지혜, 용기, 정의, 절제

지혜로운 사람은 기쁨이 부족하지 않은데,

이는 기쁨이 그의 미덕에서 나오기 때문이다.

• 세네카

미덕은 스토아학파의 주된 관심사다. 스토아학파는 미덕에 따라 행동하는 것이 에우다이모니아 또는 행복을 얻기 위한 필요충분조건이라고 생각했다.

스토아학파는 미덕을 말하기 위해 **아레테**Areté(미덕)라는 용어를 사용했다. 이는 '탁월함' 또는 '잠재력에 도달할 수 있는 여러 행동들'을 뜻한다.

스토아학파가 가장 먼저 "아레테를 추구해야 한다"고 주장한 건 아니다. 이는 사실 소크라테스나 플라톤의 초기 철학 학파의 핵심 내용으로, 스토아주의가 여기에 자신들의 철학을 더해서 자신들의 특성으로 삼은 것이다.

스토아학파는 행동 방식을 강의할 적에 **"우리의 본성에 따라 살아야 한다"**고 강조했다. 그들은 인간의 본성이 다른 동물들의 본성과 두 가지 면에서 크게 다르다고 주장했다. 즉, 인간에게는 추

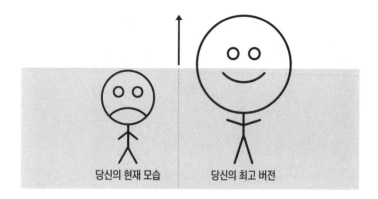

당신의 현재 모습 | 당신의 최고 버전

론 능력과 사회적 관계성이 있다.

그러니 "우리의 본성이나 미덕을 따라 생활한다"는 말의 의미는 "항상 이성과 도덕에 따라 행동하고, 다른 사람을 돕는 사회적 책임도 깨닫는" 것이다.

더 깊이 설명하자면, 스토아학파는 지혜, 용기, 정의, 절제(훈련)* 등 네 가지 중요한 미덕을 강조했다. 우리는 곧 이들 각각에 대해 자세히 살펴볼 것이다.

＊ 스토아학파는 '절제'라는 용어를 사용했지만, 저자는 여기에서 확장해 '훈련'이란 단어를 사용합니다. 앞으로는 계속 '훈련'으로 나올 것입니다. 스토아학파에서 말하는 네 가지 덕을 언급할 때는 '절제'를 주로 쓰고, 다른 본문에서는 '훈련'으로 해석합니다 – 옮긴이.

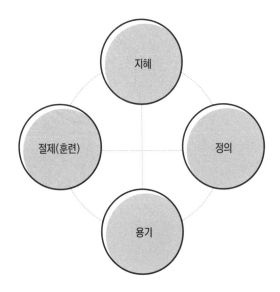

지혜

절제(훈련)

정의

용기

21세기에 "미덕이 어쩌고" 하면 '틀딱' 취급을 당할 수도 있다. 오늘날 우리는 도덕성을 주관적인 데다가 '귀에 걸면 귀고리, 코에 걸면 코걸이' 같은 것으로 본다. 실제로 몇 년 전까지는 사회적으로 받아들여지던 행동이 오늘날에는 처벌 대상인 경우도 있지 않은가. 하지만 더 깊이 파고들면 모든 사회가 똑같이 중요하게 생각하는 도덕적 특징이 있음을 알 수 있다. 예를 들어, 모든 문화에서 부모는 자녀가 비합리적이거나 비겁한 것도, 잔인하거나 충동적으로 행동하는 것도 원치 않는다.

물론 시대와 사회에 따라 다양한 미덕이 나타난다. 세네카의 시대에는 공정하다고 여겨졌던 것들이 오늘날에는 통탄할 만한 일로 보인다. 하지만 정의의 개념은 여전히 있고, 이는 우리의 유

제1장 스토아철학의 원칙들

전자에도 들어 있다.

스토아학파는 미덕을 따라 행동하는 일이 쉽지 않다는 걸 인정하면서, 그걸 운동이나 군사 훈련과 비교했다. 그래서 우리는 '미덕을 따라 행동하기'를 완벽하게 해낼 때까지 연습해야 한다.

이제 네 가지 기본 미덕을 조금 더 자세히 살펴보자.

—— 01 ——
지혜

우리가 듣는 모든 것은 사실이 아니라 의견이다.
우리가 보는 모든 것은 진실이 아니라 관점이다.

• 마르쿠스 아우렐리우스

지혜의 미덕은 한마디로 현실을 객관적·합리적으로 관찰하는 능력이다. 혼란하고 복잡한 세상에서 명확성은 우리에게 힘을 준다.

스토아학파는 만사가 첫눈에 보이는 것과 같지 않은 경우가 많다고 경고하고, 그것들의 깊숙한 곳까지 살펴보라고 독려했다. 그들은 외면세계뿐만 아니라 우리의 내면세계에 대해서도 언급했다. 고대 그리스의 델포이 신전 비석에는 "너 자신을 알라"는, 간결하지만 강력한 메시지가 새겨져 있었다.

세네카의 말처럼 "다른 사람에게 자신을 알리는 것보다 자기

자신을 아는 것이 훨씬 더 중요하다." 이 장 마지막 파트인 '주의
력' 중 '명확한 시각화' 부분의 후반부에서 이 지혜를 실천에 옮
기는 방법을 알아볼 것이다.

현실에 대해 명확한 시선을 갖게 되면, 지혜의 미덕은 매 순간
마다 가장 적절한 행동을 선택하도록 도움을 줄 것이다. 나중에
설명하겠지만, 이것은 기본적으로 감정적 폭풍에 휩쓸리지 않고
서 합리적 결정을 내리는 걸 의미한다.

지혜는 선과 악을 구분하거나 우리가 통제할 수 있는 것과 통
제할 수 없는 걸 구별하는 데에도 중요한 역할을 한다. 이 중요
한 두 가지 스토아적 개념도 곧 살펴볼 것이다.

정의

나는 사회를 위해 뭔가를 했는가?
그렇다면 그것은 내 이익을 위해 한 것이다.

• 마르쿠스 아우렐리우스

중요한 사람이 되는 것도 좋지만,
더 중요한 건 좋은 사람이 되는 것이다.

• 세네카

제1장 스토아철학의 원칙들

스토아학파에 대한 그릇된 오해 중 하나는 그들이 '냉정하고 세상과 동떨어진 집단'이라는 것이다. 하지만 스토아학파는 현실에서 먼 곳에 있는 사람들이 아니다. 그들은 사회적 책임을 깊이 통감했고, 타인을 도와야 한다는 사실을 자신에게 끊임없이 상기시켰다.

행동하는 방법을 결정할 때는 그것이 사회에 미칠 영향 또한 고려해야 한다. 마르쿠스 아우렐리우스가 말한 것처럼, "벌집에 도움이 안 되면, 벌에게도 도움이 안 된다."

마르쿠스 아우렐리우스를 보자. 그는 백성들이 더 나은 삶을 살 수 있도록 매일 노력했다. 이전 황제들은 권력을 남용하여 폭군이 되었지만, 그는 항상 자신의 권력에 대해 큰 책임감을 갖고 있었으며, 그래서 다른 사람들을 돕는 일에 권력을 사용하려고 애썼다.

물론 그렇다고 모든 사람이 '황제 폐하'인 마르쿠스 아우렐리우스를 좋아했다는 뜻은 아니다. 그는 저서인 『명상록Meditations』에 그가 매일 어리석고 거만한 사람들을 다루어야 했다고 적었다. 하지만 그런 감정 때문에 나쁜 결정을 내리지는 않았다. 그렇다고 다른 사람의 영향을 받거나 허락을 구걸하지도 않았다. 마르쿠스 아우렐리우스에게 다른 사람을 돕는 것은 목적을 위한 수단이 아니라, 도덕적 의무였다. 그는 자기 백성들의 존경을 얻기 위해 미덕의 길에서 벗어나지 않으려고 노력했다.

끝으로, 스토아학파는 '정의로운 행동'이 '복수retaliation'를 뜻하는 것은 아님을 분명히 했다. 실제로 마르쿠스 아우렐리우스는 '최고의 복수는 우리를 공격하는 사람처럼 행동하지 않는 것'임을 강조했다.

─── 03 ───
용기

용기는 모든 일이 잘 풀릴 때 생기는 게 아니라,
어려운 순간을 넘기거나 역경에 맞설 때 생긴다.

• 에픽테토스

실패하더라도 시도하는 사람들을 존경하라.

• 세네카

스토아학파에서 용기란 미덕에 따라 행동하는 능력이며, 이는 결과와는 무관하다. 용기란 두려움이 없는 게 아니라, 두렵더라도 올바른 일을 하는 것이다.

또한 용기는 우리가 육체적·정신적 고통과 역경을 견딜 수 있도록 도와준다. 많은 사람이 실패에 대한 두려움 때문에 변화를 시도하지 않는다. 그리고 변화를 시도하지 않을 때마다 두려움은 더욱 커진다.

또한 용기는 불필요한 위험을 감수하는 걸 의미하지도 않는다. 세네카가 말했듯이, "지혜롭지 않은 용기는 비겁함의 다른 이름이다."

하지만 우리를 꿈에서 멀어지게 하는 두려움은 종종 우리가 상상한 것이거나 과장된 것이다. 그래서 우리가 발전하려면 두려움을 다루는 법을 배워야만 한다. 이를 위해 행동의 두려움을 극복하는 데 필요한 다양한 전략을 탐구할 것이다.

—— 04 ——
훈련(절제)

> 인간의 경향은 훈련으로 극복하지 못할 정도로
> 확고하지는 않다.
>
> • 세네카

네 번째 미덕은 보통 '절제temperance' 또는 '절도moderation'라고 하는 것이다. 여기에는 자제력과 의지력이 들어 있다. 하지만 간단하게 설명하기 위해 이 개념 전부를 '훈련'이라고 부를 것이다.

스토아학파의 특징 중 하나는 계획을 세우고서 수행할 때 유혹에 빠지거나 낙담하지 않게 도와주는 위대한 훈련이다.

철학으로서의 스토아주의는 지혜를 높이 평가하지만, '행동하지 않는 지식은 무용지물'이라고 강조한다. 그리고 세네카는 "훈련은 평범한 재능을 가진 사람들에게 큰 도움이 된다"고 말했다.

자유를 구하려면 훈련해야만 한다. 자신을 통제하지 않는 사람은 다른 사람의 권위에 복종해야 한다.

우리는 훈련을 함으로써 언젠가는 꼭 다가올 문제들을 극복할 수 있다. 더 나은 몸과 삶을 구하려고 가는 길에는 장애물이 가득하다. 장애물을 만날 때마다 분명히 다 관두고 싶을 것이다. 훈련은 바로 이때 도움이 될 수 있다.

스토아학파는 "장애물을 기회로 바꾸는 것이 중요하다"고 강조했다. 그들은 길에 놓인 돌멩이 하나하나를 그들의 철학을 실천에 옮기는 데 쓰일 새로운 가능성으로 보았다. 두려움에 직면하는 것이 우리가 원하는 자기 이해와 탄력성, 욕구 불만을 극복하기 위한 인내력frustration tolerance, 문제 해결력 등과 같은 능력을 계발하는 데 도움을 주는 단 하나의 방법일 때가 많다.

옳은 일을 하고 장애물을 극복하는 훈련은 목표 달성에 중요하다. 그리고 이것이 이 책의 핵심 중 하나다.

스토아적 미덕 계발의 이점

좋은 행동에 대한 보상은 그걸 한 것 자체이다.

• 세네카

스토아학파가 보기에 미덕이 갖춰진 행동 그 자체가 이미 보상이다. 하지만 대개는 이것에 만족하지 않을 것이다. 우리는 옳은 일을 할 뿐만 아니라 구체적인 결과도 소망하며, 또한 그걸 얻길 원한다.

다행히도 두 목표는 서로 충돌하지는 않는다. 실용성과 세속적인 관점에서 보기에 이런 미덕을 계발하는 것은 몸이 건강해지는 것부터 부유해지는 데 이르기까지 우리가 전통적으로 추구하는 많은 목표를 달성하기 위한 방법 중 가장 좋은 방법이기도 하다.

만일 지식(지혜)을 얻기 위해 노력하고, 다른 사람에게 잘(공정하게) 대하고, 두려움이 있음에도 행동하고(용기), 장애물과 유혹을 극복한다면(훈련), 당신은 반드시 삶을 잘 헤쳐 나갈 것이다.

스토아학파는 이런 원칙들에 따라 그들의 마음을 훈련하면 명성과 돈 같은 사회적 가치들을 더 쉽게 얻을 수 있음을 알았다. 앞으로 살펴보겠지만, 그들은 이러한 부수적 효과들을 거부하지는 않았다. 하지만 이것이 주된 동기가 되면 안 된다고 경고했다.

> 미덕의 혜택을 얻으려고 그걸 기르지는 말라.
> 미덕에 따라 행동하면 많은 혜택이 보장되지만,
> 그것이 미덕을 추구해야 하는 이유는 아니다.
> 그것들은 미덕의 원인이나 결과가 아닌 부산물일 뿐이다.
>
> • 세네카

그리고 우리 삶을 바꿀 때도 이와 같은 개념을 적용할 수 있다.

그러니 결과에 집착하는 대신 습관에 집중하고, 먼 미래의 결과 같은 건 덜 생각하고, 즉시 해야 할 행동에 대해 더 많이 생각하라. 선행은 그 자체로 보상이다. 옳은 일을 하고서 그것에 만족함으로써 당신의 행동을 개선할 수 있기 때문이다. 시간이 지나면 분명 그에 따른 결과가 나타날 것이다.

마음을 지키는 성채
— 평온

평온은 현자의 미덕과 함께한다.

• 가이우스 무소니우스 루푸스

사람은 평온한 마음에 가까워질수록
자신의 힘에도 더 가까워진다.

• 마르쿠스 아우렐리우스

스토아학파는 평온보다 미덕을 훨씬 더 중요시했지만, 마음의 평온인 아타락시아Ataraxia를 유지하는 것도 많이 강조했다. 그리고 실제로 두 요소 사이에는 분명한 연관성이 있다.

한편으로 미덕을 따르는 행동은 우리에게 평온을 준다. 세네카의 말처럼, "선한 양심이 없는 평온함은 없다." 사실 스토아학파는 평온한 마음을 갖지 않으면 악에 빠질 수도 있다고 여겼다. 스토아학파는 진정제나 약물로 이런 평온한 마음을 얻는 걸 반대할 것이다. 그들은 좋은 삶이 감각보다는 행동과 더 관련이 있음을 상기시켜주었다. 많은 사람은 자신의 모든 문제가 해결되면, 이런 심리적 해탈 상태에 도달할 거라고 생각한다. 즉, 내면의 평온을 외부 장애물이 없는 상태와 연결한다. 하지만 그건 잘못된 생각이다. 문제는 우리 삶의 일부이기 때문에 그 문제를 해결하면 또 다른 문제가 나타나기 마련이다. 따라서 우리 삶의 목표는 모든 문제를 제거하는 게 아니라, 문제가 있음에도 불구하고 올바르게 행동하고 마음의 평온을 유지하는 것이다. 스토아주의는 외부에서 무슨 일이 일어나든 상관없이 내면의 평온을 얻는 데 도움이 될 것이다. 마르쿠스 아우렐리우스는 그의 마음을 요새 바깥쪽 성벽의 반대편에서 벌어지는 전투에도 불구하고 고요한 내부 성채로 보았다.

> 격렬한 감정에 좌지우지되지 않는 마음은 성채이며,
> 사람에게는 피난할 수 있는 곳보다 더 안전한 요새는 없다.
>
> • 마르쿠스 아우렐리우스

　반면에 마음이 불안하거나 동요되면 합리적으로 행동하기가 어려울 것이다. 하지만 반대로 평온한 마음은 우리가 잘못을 저지르는 걸 막아준다. 그렇다면 평온의 적이 무엇일까? 그것이 바로 이어서 우리가 알아볼 주제인 정념이다.

정념

우리에게 해를 끼치는 것은
우리에게 일어나는 일이 아니라,
그 일에 대한 우리의 생각이다.

• 에픽테토스

스토아학파는 정념이란 이성을 흐트러뜨리고 미덕을 방해하는 비합리적이거나 과장된 감정이라고 보았다. 욕망과 두려움, 분노에 사로잡히면 합리적으로 행동하기가 어렵다.

스토아학파는 이런 불균형적인 감정을 병리학적인 것으로, 많은 인간 고통의 원인으로 여겼다. 따라서 그걸 관리하는 데 중점을 두었다.

여기에서 '관리'라고 표현하는 이유는 스토아학파가 이런 감정을 억압하라고 한 게 아니라, 해로운 영향을 최소화하기 위해 생산적인 방법으로 조절했기 때문이다. 그들은 이런 감정이 종종 몸이 무의식적으로 반응하는 데 따른 선천적 충동에 의해 발생한다는 걸 알고 있었다.

세네카는 "우리는 정념을 피할 수 없지만, 극복할 수는 있다"고 말했고, 이를 설명하는 몇 가지 예를 들었다. 즉, 우리는 시끄러운 소리가 들리면 놀라고, 남들 앞에서 실수하면 얼굴이 붉어진다. 세네카를 다시 인용하자면, "아무리 지혜가 많아도 이런 자연스러운 반응을 없앨 수는 없다. 타고난 것은 제거할 수 없지만, 연습으로 완화할 수는 있다." 즉, 이성이 감정을 막을 수는 없지만, 감정을 조절하고 더 나은 관점을 제공하는 등 도움을 줄 수는 있다.

따라서 스토아학파는 느끼는 걸 멈추라고 하지 않는다. 부정적인 감정의 영향을 최소화하는 방법을 개발하여 우리가 원하는 걸 얻는 데 더 많은 시간을 들이라고 제안한다. 즉, 정념이 나타나는 걸 막지 말고, 그것들보다 강해져서 다스릴 줄 알게 되어야 한다. 이것을 연습하다 보면 자신을 방해하는 부정적인 감정이 완화되고 빈도도 감소하는 걸 알게 될 것이다.

반면에 스토아학파는 감정의 적응적 감각을 이해했다. 두려움이 위험한 상황으로부터 우리를 보호하기에 그 자체를 나쁘게 여기지는 않았다. 배고픔을 느끼지 않는 아기는 생명의 위협을 받기 때문에 음식에 대한 욕구가 해롭다고 여기지 않았다. 그러나 우리를 끌고 가는 이런 자동적 반응이 종종 잘못될 수도 있음을 경고했다. 두려움을 조절하지 않으면 생각이 마비되고, 적절한 목표를 따라갈 수도 없다. 그러니까 음식에 대한 욕구를 통제하지 않으면 건강을 잃게 된다. 스토아학파는 계속 각 감정의 적합성과 강도를 분석하고, 무의식적 반응이 아닌 이성에 따라 반응하라고 조언했다.

스토아학파는 이러한 정념을 '파테pathē'라고 불렀고, 파테에서 자유로운 마음의 상태를 '아파테이아apatheia'라고 불렀다. 스페인에서는 이 개념이 완전히 부정적 뉘앙스인 '무관심'으로 번역되었다. 따라서 스토아주의가 무관심이나 열정 부족과 관련되었다는 악평을 얻게 되었지만, 사실은 정반대이다.

스토아학파는 항상 사회에 깊이 관여하는 사람들이었다. 그들의 명확한 생각과 훈련들은 종종 돈이나 명성 같은 전통적 기준의 성공을 달성하는 사람을 만들어냈다. 반면에 **에우다이모니아**(행복)와 같은 스토아주의의 목표는 타인에 대한 애정과 삶에 대한 감사 같은 긍정적인 감정이 지배하는 마음을 유지하는 것이다. 예를 들어, 마르쿠스 아우렐리우스는 "정념을 비우고, 애정으로 채운다"고 말했다.

'명확한 시각화' 부분에서는 우리가 다스려야 하는 주요 정념이나 감정을 살펴보고, 거기에 끌려가지 않는 방법도 배울 것이다.

스토아학파는 또한 외적인 사실과 내적인 감정 사이에 신념이 있음을 떠올렸다. 그리고 이런 신념이나 해석은 좋거나 나쁜 가치를 결정한다. 우리의 인식이 변하면, 우리의 감정도 변할 것이다. 이제 통제의 이분법을 소개할 시간이다.

키케로의 궁수와 통제의 이분법

인생에서 우리의 첫 번째 임무는
만사를 두 가지 범주로 나누고 구별하는 것이다.
내가 통제할 수 없는 외부 상황과
내가 통제하고 내릴 수 있는 결정들이 그것이다.

• 에픽테토스

그대는 벌어지는 일이 아니라,
마음을 지배하는 힘을 가지고 있다.
이것을 깨달으면, 그대의 힘을 찾게 될 것이다.

• 마르쿠스 아우렐리우스

현자는 결과가 아니라 행동의 의도에 관심이 있다.
초기 행동은 우리가 통제하지만,
그 끝은 행운의 여신이 결정한다.

• 세네카

에픽테토스의 『엥케이리디온Encheiridion(매뉴얼)』은 우리가 통

제1장 스토아철학의 원칙들

제 가능한 것과 그렇지 않은 걸 구별하는 소위 '통제의 이분법'을 설명하면서 시작한다. 이것은 스토아주의의 기본 원칙이며, 실현 가능성과 상당히 관련 있다. 우리가 통제할 수 없는 것에서 만족을 찾는 것은 불만족의 주요 원인이다.

그렇다면 에픽테토스가 말하는 '우리가 통제할 수 있는 대상'이란 무엇일까? 오로지 우리의 인식과 행동뿐이다.

그렇다면 '우리가 통제할 수 없는 대상'은 무엇일까? 그 외 전부이다. 에픽테토스는 우리가 신체와 재산 및 명성과 같은 걸 통제할 수 없다고 확실하게 말한다. 따라서 우리는 행복을 위해 이런 것들에 의존해서는 안 된다.

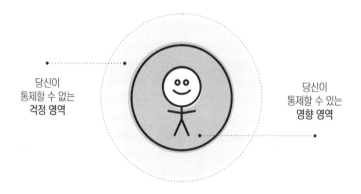

그렇다면 이것은 우리가 몸이나 건강을 통제할 수 없다는 뜻일까? 그렇기도 하고, 아니기도 하다. 예를 들어, 우리는 무엇을 먹고 얼마나 움직일지 같은 특정 부분은 통제할 수 있지만, 질병이나 사고로부터 완전히 안전할 수는 없다.

일부 현대 작가들은 실제로 '통제 3분법'의 개념을 제안하는데, 이는 완전히 통제할 수 있는 것, 부분적으로 통제할 수 있는 것, 완전히 통제할 수 없는 것으로 구별하는 것이다.

그러나 부분적으로 통제할 수 있는 것(예, 건강)은 다시 둘로 나뉘는데, 하나는 우리가 통제할 수 있는 '우리의 행동(또는 노력)'이고, 다른 하나는 우리가 통제할 수 없는 '결과'이다.

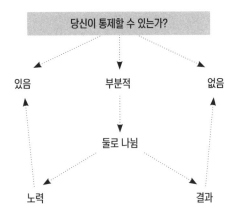

스토아주의의 가장 중요한 교훈 중 하나는 우리가 통제할 수 있는 부분에 에너지와 노력을 쏟는 것이다. 만일 우리가 통제할 수 없는 걸 걱정하면, 불안과 좌절만 용솟음칠 뿐이다.

이 교훈을 설명하기 위해 키케로의 '궁수의 비유'를 활용해보자. 궁수가 화살로 목표물을 맞히려고 할 때는 많은 요소를 통제할 수 있다. 예를 들어, 기술 연마 시간, 사용하는 활의 종류, 그리고 활을 쏠 때 줄의 강도와 화살이 가리키는 방향을 통제할 수 있다. 하지만 우선 화살이 활을 떠나면, 궁수가 할 수 있는 건 하나도 없다. 화살이 목표에 도달하는 결과는 운명에 달려 있다. 돌풍이나 표적의 움직임이 결과를 바꿀 수도 있는데, 이건 궁수가 걱정해야 할 영역이 아니다. 그건 어차피 궁수가 통제할 수 없는 요인들이기 때문이다.

예를 들어, 이것을 직업 환경에 적용해본다면, 특히 거부와 실패가 매일 발생하는 영역에서 이것은 강력한 정신적 도구가 될 것이다. 다음의 예들을 살펴보자.

+ 경기에서 패배했다고 무너지는 운동선수는 더 많이 발전하지 못할 것이다. 이번 경기의 결과를 하나의 정보로 보아야 다음 대회를 더 잘 준비할 수 있다.
+ '노No'라는 말을 들을 때마다 좌절하는 영업 사원은 다른 직업을 찾아야 한다. 그게 아니라면, 결과에 대해 자책하지 말고, 더 잘할 방법이 무엇인지 생각하면서 상호 작용을 객관적으로 분석해야 한다.

경기에서 지거나 거래처에서 거절당할 때 당연히 실망할 수밖에 없다. 하지만 스토아적 사고방식을 적용하면 부정적인 감정이 오래가지 않을 것이다. 예를 들어, 다음 기회를 위한 개선처럼 통제할 수 있는 부분에 더 빨리 초점을 맞추게 될 것이다.

요컨대 스토아학파는 "우리가 통제할 수 없는 것들은 신경 쓰지 말고, 통제할 수 있는 것에만 생각과 노력을 집중하라"고 제안한다. 이렇게 하면 불필요한 고통을 피할 수 있을 뿐만 아니라, 원하는 결과를 얻을 가능성도 높아질 것이다.

우리가 마지막 결과를 알면, 다음의 스토아적 개념인 **아모르파티**amor fati(독일의 철학자 니체의 운명관을 나타내는 용어로, '운명에 대한 사랑'이라는 뜻)와 연결해서 그 개념을 차분하게 받아들일 것이다.

아모르파티

당신이 원하는 대로 사건이 벌어지길 기대하지 말고,
있는 그대로 일어나기를 바라도록 하라.
그러면 인생이 순조롭게 흘러갈 것이다.

• 에픽테토스

우리가 원하는 걸 갖는 것은 우리 힘에 의한 게 아니지만,
우리가 갖고 있지 않은 걸 원하지 않고
우리에게 다가온 모든 걸 누리는 것은 우리 힘으로 할 수 있다.

• 세네카

비록 '아모르파티'라는 말이 초기 스토아학파가 생기고 한참 후에 만들어졌지만, 이는 그들의 가르침을 반영하는 용어이다. 즉 그저 운명을 받아들이는 것에 그치지 말고, 그걸 존중하고 감사하라는 뜻이다. 우리는 우리에게 벌어진 일을 바꿀 수 없지만, 그걸 인식하는 방식은 바꿀 수 있다. 예를 들어, 어떤 일이 생겼을 때, 그 일을 통해 뭔가 좋은 일이 벌어질 거라는 생각을 할 수는 있다.

스토아학파의 창시자인 제논Zeno of Citium은 이 뜻을 보여주는 좋은 예이다. 그는 귀중한 화물을 실은 배가 항해 중 끔찍한 사고를 겪을 때까지는 상인이었다. 제논은 그때 자신이 가진 모든 것뿐만 아니라, 하마터면 목숨까지 잃을 뻔했다. 난파로 인해 그리스 해안에 도착했고, 나중에 아테네까지 가서 철학을 배우고, 자신의 학교도 만들었다. 제논의 인생에서 가장 중요한 사건인 이 일은, 제논을 망하게 했던 난파선이 없었다면 불가능했을 일이다.

> 나는 난파선 덕분에 아주 호사스러운 여행을 했다.
> • 제논

스토아학파는 운명과의 관계를 설명하기 위해 수레에 묶인 개의 비유를 들었다. 수레는 주로 개보다 훨씬 힘이 센 동물이 끌기 때문에 개에게는 두 가지 선택만 있다.

1. 수레 옆에서 걷고, 가죽끈의 길이에 맞춰서 가는 길에 있는 모든 걸 탐색하기.
2. 수레가 갈 때 따라가지 않으려고 온몸으로 저항하기.

이 개는 둘 중 어떤 선택을 해도 같은 목적지에 도착한다. 하지만 매우 다른 여행을 하게 될 것이다. 첫 번째 방법을 선택하면, 여행을 즐기면서 쾌적하고 차분한 시간을 보낼 수 있다. 하지만 두 번째 방법을 선택하면, 고통과 좌절을 겪을 것이다. 이처럼 그 결정은 우리 손에 달려 있다.

> 운명은 자기를 받아들이는 사람을 인도하고,
> 자기를 거부하는 사람을 질질 끌고 간다.
>
> • 세네카

때로는 스토아적 운명의 수용을 수동적 체념으로 해석하지만, 이는 잘못된 견해이다. 이것은 체념이 아니라, 시간과 노력을 낭비하지 않는 것이다. 또한 우리 삶에서 일어나는 모든 일을 인정함으로써 분노나 화와 같은 정념에 사로잡히지 않도록 해준다.

수용은 체념을 의미하지 않는다. 정서적 피해를 줄이기 위해 추론 능력을 활용하는 것은 변화 앞에서 최선을 다하지 않는 게 아니다. 그것은 벌어진 일을 한탄하기보다는 우리가 가진 것으로 최선을 다하는 것이다. 벌어진 일을 한탄하노라면 같은 자리에 머물게 되는데, 이는 종종 우리에게 가장 중요한 것, 즉 현재 합리적으로 행동하는 걸 방해한다.

스토아학파의 조언은 확실하다. 즉, 현실을 받아들이고 우리가 통제할 수 있는 것에만 집중하라는 것이다. 세상을 바꾸는 것보다 먼저 자신을 바꾸는 데 집중해야 한다. 역설적이지만 이것이 나중에 우리의 삶과 환경에 긍정적 영향을 주기 위한 최선의 전략이다.

에픽테토스는 우리를 '인생'이라는 작품의 배우로 본다. 그러면서 좋은 배우란 맡은 역할을 후회하지 않고, 오로지 최선의 방식으로 해석한다는 사실을 상기시켰다.

매일 우리에겐 선택권이 주어진다. 이 순간을 즐기며 좋은 부분을 누리든가, 아니면 원하는 게 하나도 들어 있지 않다고 한탄하라.

미국의 신학자인 라인홀트 니버Karl Paul Reinhold Niebuhr가 쓴 유명한 기도문인 「평온을 비는 기도Serenity Prayer」를 보면 위의 모든 내용이 잘 담겨 있다. "주여, 제가 바꿀 수 없는 걸 받아들일 수 있는 평온함을 주시고, 제가 할 수 있는 걸 바꿀 수 있는 용기와 그 둘의 차이를 분별할 수 있는 지혜를 주소서."

선한 것, 악한 것, 중립적인 것

어떤 것은 선하고, 어떤 것은 악하고,
어떤 것은 이도 저도 아니다. 선한 것은 미덕이고,
악한 것은 미덕과는 거리가 먼 것이다.
이도 저도 아닌 중립적인 건 부와 건강
또는 평판과 같은 것이다.
그렇다면 선한 것과 악한 것은 어디에서 찾아야 할까?
당신 안에서, 당신에게 속한 것에서 찾아야 한다.
당신에게 속하지 않은 것에 대해서는 선한 것이라느니
나쁜 것이라느니 같은 말을 사용해서는 안 된다.

• 에픽테토스

내 모든 재산은 내 안에 있다. 즉, 정의와 용기, 지혜,
우리를 격분하게 할 만한 걸
전혀 좋은 것으로 여기지 않으려는 의지이다.

• 세네카

스토아학파에 따르면, 우리가 완전히 통제할 수 있는 것만이

선과 악의 대상이 될 수 있고, 나머지는 다 중립적이다. 이 논리에 따르면, 유일한 선은 미덕으로 행동하는 것이고, 유일한 악은 그 반대의 것이다.

이것은 선이 항상 우리 손에 달렸음을 의미한다. 왜냐하면 우리는 상황과 상관없이 지혜롭게 생각하고, 용기와 정의로 행동하고, 절제도 할 수 있기 때문이다. 따라서 악도 우리 손안에 있는데, 이는 비이성적이거나 미덕을 따르지 않는 행동을 할 수 있기 때문이다.

이것은 강력한 개념이지만, 받아들이기는 쉽지 않다. 이 말에 언급된 삶과 건강, 돈 등 우리가 그토록 소중히 여기는 모든 것이 선도 악도 아닌 매우 중립적인 존재이기 때문이다. 이 말에 충격을 받았다면, 조금만 기다려주길 바란다. 곧 그 이유를 이해하게 될 테니까.

> 행복에 이르는 길은 딱 하나뿐이다.
> 당신의 손에 달리지 않은 일에서 벗어나는 것이다.
>
> • 에픽테토스

실제로 이런 접근 방식은 꽤 의미가 있다. 우리의 손에 있는 선과 악을 고려함으로써, 우리의 통제 영역 안에 있는 것에 모든 에너지와 관심을 쏟을 수 있어서이다. 그 결과 우리의 통제 밖의 부분에 대해서 걱정하는 데 따른 시간 낭비를 줄일 수 있다.

다시 위의 '궁수의 비유'에서 살펴본다면, 선은 자신의 기술을 지혜롭게 사용하고 절제를 훈련하는 것이다. 그리고 목표물을 맞히는 건 전적으로 궁수의 손에 달린 게 아니기 때문에 이것은 중립적이다.

건강과 돈 또는 삶 자체와 같은 기본 요소들을 중립적이라고 생각한다면, 자칫 스토아학파가 동기나 야망이 없는 사람들이라고 오해하게 될 수도 있다. 그렇게 생각한다면 다시 오류에 빠질 것이다. 여기에서 핵심은 중립적인 걸 구별해서 '선호하는 중립적 요소'와 '선호하지 않는 중립적 요소'로 구분하는 것이다.

선호하는 중립적 요소 vs. 선호하지 않는 중립적 요소

운명이 내게 던지는 것은 무시하겠지만,
내가 선택할 수 있다면, 그걸 위해 최선을 다할 것이다.

• 세네카

현자는 아주 작은 자신을 경멸하지는 않지만,
큰 키를 선호할 것이다. 또한 건강하길 바라지만,
건강이 악화되어도 견딜 것이다.

• 세네카

스토아학파는 우리가 실제로 통제할 수 있는 것, 즉 현재 하는 행동과 일어나는 일에 대한 우리의 반응에 초점을 맞추라고 조언했다. 그들은 자기 행동을 소중히 여기라고 했으며, 결과를 중립적 요소라고 생각했다.

즉, 그들은 외적 요인들이 그 자체로 가치 있음을 인정했고, 그걸 선호하는 중립적 요소와 선호하지 않는 중립적 요소로 구분했다. 예를 들어, 인생은 죽음보다 삶을, 질병보다 건강을, 빈곤보다 부유함을, 적보다 친구를, 고통보다 기쁨을 선호한다는 사실을 인식했다.

따라서 그들도 더 선호하는 걸 추구했지만, 그걸 행복과 직접 연결하지는 않았다. 목표를 달성하지 못했을 때, 실패가 아닌 운명의 결과로 여겼다. 그들은 그걸 통해 배우되, 그것 때문에 무너지지는 않았다. 그저 다음에 해야 할 대응에 집중했다.

일반적으로 스토아학파가 정치 및 사회생활에 매우 깊숙이 연결되어 있고, 명확성과 성실성, 탄력성 및 훈련 덕분에 그 안에서 책임 있는 위치에 오르는 사람들이 많이 나왔다는 것은 우연이 아니다.

현명한 삶에는 건강과 재정에 관해 내리는 좋은 결정이 포함되지만, 진정한 현자는 빈곤과 질병 속에서도 번성한다는 사실을 스토아학파는 상기시켰다. 필요한 게 없다고 여기는 현자는 자신에게 주어진 모든 걸 활용한다. 어리석은 자는 늘 많은 게 필요하다고 여기면서도 자신에게 주어진 것 모두를 부적절하게 활용한다.

스토아학파는 많은 걸 얻으려고 애썼지만, 설령 아무것도 얻지 못해도 만족했다. 그들은 자신의 가치를 재산이나 명성과 연결하지 않았다. 그들은 돈과 명성을 '선호하는 중립적 요소'로 보았다. 당연히 그걸 얻으면 좋겠지만, 그런 중립적 요소를 얻기 위해 진정한 가치(정말 유일하게 좋은 것)를 위험에 빠뜨리지는 않았다.

선호하는 중립적 요소 중에 우정을 강조했고, 부와 쾌락을 추구하는 것의 위험성도 경고했다. 바로 이어서 그 이유를 살펴보자.

돈, 명성, 권력

현자는 행운의 선물을 받을 자격이 없다고
생각하지는 않는다. 부유함을 사랑하지는 않지만,
선호하기는 한다. 빈곤보다 부유함 속에서 발전할 가능성이
더 크다는 걸 누가 의심하겠는가?

• 세네카

돈 때문에 그리스에서는 다양한 철학 학파가 생겼다. 예를 들어, 소위 견유학파들은 돈을 원래 부패한 것으로 해석해서 빈곤 서약까지 했다. 반대로 스토아학파는 돈을 나쁜 것으로 생각하지는 않았다. 모든 것이 부를 얻는 방법과 그걸 사용하는 방법에

달렸다고 여겼다.

정직과 절제로 일한 결과로 부富를 축적했다면, 그걸 즐기는 데 그 누구의 방해도 받으면 안 된다. 그러나 만일 돈을 벌기 위해 미덕에 반하는 행동을 했다면, 그 돈은 중립적 요소에서 부정적 요소로 바뀔 것이다.

또한 일단 부를 얻으면, 우리는 그것에 집착하게 된다. 얻은 걸 잃을까봐 두려워하면 마음의 평화가 깨질 것이다. 그래서 우리는 부가 우리 머리 위로 올라가지 않게 해야 한다. 그걸 추구할 수는 있지만, 그 자체가 목적이 되어서는 안 된다. 그리고 그것으로 인해 우리가 미덕에서 멀어지거나 마음의 평화를 빼앗겨서는 안 된다.

에픽테토스에 따르면, 비뚤어진 마음으로 부유하게 사는 것보다, 평정심을 갖고 가난하게 사는 게 낫다. 가장 부유한 사람은 가장 많이 가진 사람이 아니라, 가장 덜 원하는 사람이다. 이처럼 그들은 소유물보다 행동을 훨씬 더 중요하게 여겼다.

> 물질적인 건 중립적이지만,
> 그것의 사용 방법은 중립적이지 않다.
> 물질의 사용은 좋거나 나쁠 수 있다.
>
> • 에픽테토스

세네카는 부를 포함해 우리에게 다가온 좋은 걸 즐기라고 독려했다. 그는 좋은 본보기였고, 당시 가장 부유한 사람이 되었다. 그러나 세네카는 가진 걸 즐기되, 그걸 잃었을 때 한탄하지 않았다.

재산을 정직하게 모은 현자는
으스대거나 부끄러워하지 않을 것이다.
• 세네카

세네카는 부유함 때문에 종종 그를 위선자라고 부르는 사람들과 마주해야 했지만, 그의 대답은 분명했다. "내 부가 사라지면, 나는 그 부만 빼앗길 것이오. 하지만 당신의 부가 사라지면 당신은 정신을 잃게 될 것이오. 현자의 집에서는 부가 섬기지만, 우매한 자의 집에서는 그 부가 명령을 하지." 실제로 세네카는 추방당했을 때 "중요한 것은 돈의 양이 아니라, 우리 마음의 상태이다"라고 주장했다.

요컨대 문제는 돈 그 자체가 아니라, 돈의 양과 상관없이 그것에 대한 과도한 걱정에 있다. 그리고 스토아학파는 이러한 불안을 질병으로 간주했다.

대부분의 사람에게 부를 얻는 것은 문제의 끝이 아니라,
다른 문제로의 변화를 의미한다.
그 이유는 문제가 부가 아닌, 마음에 있기 때문이다.

빈곤에 대한 부담은 부에 대한 부담으로 이어진다.
나무침대에 누워서 아픈 사람은
황금침대에 누워도 똑같이 아프다.
어디에 있어도 그 사람은 계속 아플 것이다.
마찬가지로, 병에 걸린 마음은 가난하든 부유하든
그대로 남아 있을 것이다.

• 세네카

스토아학파는 권력이나 명성을 비슷한 눈으로 보았다. 여기에서 그 당시 가장 강력한 (그리고 아마도 가장 유명한) 사람이었던 마르쿠스 아우렐리우스의 이야기를 해보자. 이전에 절대권력을 가진 많은 황제는 폭군이 되었지만, 그는 자신의 엄청난 권력을 다수의 이익을 위해 사용했고, 항상 미덕을 가지고서 행동해야 한다고 끊임없이 되뇌었다. 그 결과 역사상 로마 최고의 황제 중 한 명으로 남았다.

에픽테토스도 그리 다르지 않았다. 엄격하고 계층화된 로마 사회에서 노예였던 그는 성공적으로 철학학교를 이끈 지도자가 되었다. 그리고 그 당시에 이로써 높은 명성을 얻었으며, 재정 상태도 좋았다.

쾌락과 욕망

가장 즐거운 삶이 아닌, 더 나은 삶을 따르라.
쾌락은 인도자가 아닌, 정직과 선의의 동반자가
되어야 하는데, 이는 이성이 우리의 인도자가
되어야 하기 때문이다.

• 세네카

쾌락을 추구하며 애쓰는 많은 것들이
고통의 원인이 된다.

• 세네카

스토아학파는 권력이나 부와 마찬가지로 위안이나 쾌락을 나쁜 것으로 보지는 않았다. 다만, 그 자체가 목적이 되는 걸 경계했다.

그들은 생명의 양식인 음식에 대한 욕구 같은 '자연적 욕망'의 유용성은 인정했다. 하지만 시간이 지나면 기본 양식만 즐기는 걸 너머 매우 까다로운 미각마저 갖게 될 위험이 있다고 경고했다. 그러면서 요리에서 가장 큰 즐거움은 간단한 음식에서 얻는 만족임을 상기시켜주었다.

또한 그들은 옷에서부터 집의 장식에 이르기까지 외적 치장에 대해서도 똑같이 생각했다. 사치품의 문제는 점점 더 만족하기 어려운 우리의 본성을 건드리면서 그런 욕망을 강화한다고 주장했다.

> 자연적 욕망 안에 있는 사람은 가난을 눈치채지 못하지만,
> 그 자연적 한계를 넘는 사람은
> 부유할 때에도 가난에 시달릴 것이다.
>
> • 세네카

스토아학파는 쾌락과 고통이 종종 함께 간다고 경고했다. 실제로 나쁜 행동으로 인해 생기는 고통은 그것으로 경험한 최초의 쾌락보다 훨씬 더 오래갈 수 있다. 스토아학파는 과잉 음주를 예로 들었다. "많은 사람이 술 취함 같은 짧은 쾌락에 속아서, 한 시간의 즐거움을 위해 많은 질병을 감수한다."

스토아학파는 삶의 모든 좋은 것들을 즐기는 일 자체를 반대하지는 않았다. 단, 적절한 정도를 강조했다. 예를 들어, 세네카가 "그들은 먹기 위해 토하고, 토하기 위해 먹는다"고 말한 것처럼, 스토아학파는 당시의 호화로운 연회를 비판했다. 스토아학파에 따르면, 절제의 선을 넘으면 쾌락이 고통의 원인이 된다. 따라서 우리가 이성을 사용하고 절제함으로써 얻는 즐거움에 익숙해지기를 원했다.

쾌락을 계속 추구하는 것은 절대 좋은 삶의 기초가 될 수 없다. 왜냐하면 쾌락을 만족시키면 곧바로 다른 쾌락이 나타나고, 그

러면서 쾌락의 강도는 점점 더 세지기 때문이다. 스토아학파는 최고가 좋은 것이라고 여기며 자랑하는 사람들을 비웃었고, 그들을 부러워하는 대신 불쌍하게 여겼다. 소박한 것들을 즐기는 능력을 잃어버리면 좋은 삶을 살 가능성도 줄어든다.

쾌락으로 몸과 마음이 부패하면,

더이상 아무것도 견딜 수 없다.

고통이 세서가 아니라, 사람이 약하기 때문이다.

• 세네카

편안함은 더 많은 편안함을 부르고, 쾌락은 더 많은 쾌락을 부른다. 지속적인 쾌락에 적응되면, 매번 다른 쾌락을 경험해도 기쁘기는커녕 똑같다고 느끼게 된다. 진정으로 만족스러운 삶을 살 수 있는 유일한 방법은 '미덕'과 '평온'이라는 두 가지 기둥을 기초로 삼는 것이다.

	단기간의 지도	장기적인 예상 결과
삶의 철학 없음	쾌락 추구 불편함 피하기	불만족
삶의 철학 있음	원칙	만족

쾌락은 얻을 때보다 추구할 때 더 좋아 보인다.
쾌락이 정말 선하다면, 우리에게 지속적인 만족을 주겠지만,
쾌락은 갈증만 더 일으키는 음료와 같을 때가 많다.
• 세네카

또한 스토아학파는 절제가 포함된 자연적 쾌락과 더 신중해야
하는 인위적 쾌락을 구분했다. 예를 들어, 자연적 쾌락은 음식이
나 섹스처럼 자연적으로 필요한 요소들 때문에 생기는 것이고,
인위적 쾌락은 사치나 명성과 같은 사회적 창조물이다.

스토아학파는 우리에게 자연적 쾌락을 즐기도록 격려하되, 과
도함은 피하라고 조언했다. 또한 사치나 그 밖의 인위적 쾌락을
꼬박꼬박 즐기는 것도 반대하지 않았지만, 그것의 노예는 되지
말라고 경고했다.

스토아학파는 절제 없는 쾌락이 악으로 변할 수 있음을 알고
있었다. 그리고 오늘날 우리도 과도한 쾌락이 중독으로 이어질
수 있다는 걸 잘 알고 있다. 쾌락과 고통 사이에는 미세한 경계
가 있다. 세네카의 말을 다시 인용하자면, "더 많은 쾌락을 붙잡
을수록, 더 많은 주인을 섬겨야 한다" 또는 "사람이 쾌락에 의존
하면 고통에도 의존하게 된다. 그러므로 그 사람은 변덕스럽고
폭군 같은 두 주인을 섬기는 노예가 된다."

스토아학파가 생각하는 문제 중 하나는 '사치와 과잉을 추구
하는 데는 많은 돈과 시간이 필요하다'는 것이다. 반면, 소박한

것들은 큰 노력이 없이도 얻을 수 있다. 본질에 집중하면 삶을 개선하는 데 도움이 되는 많은 자원을 확보할 수 있다.

> 쾌락에 사로잡혀서 그것 없이 살 수 없는 사람들이
> 가장 불행한데, 불필요한 걸 필요하다고 여기기 때문이다.
> • 세네카

   고통의 주요 원인 중 하나는 우리가 가진 것보다 없는 걸 더 중요하게 생각하기 때문이다. 그래서 스토아학파는 우리가 원하는 걸 생각하는 시간을 줄이고, 이미 가지고 있는 걸 원하는 법을 배우는 데 더 많은 시간을 들이라고 조언했다. 실제로 그들은 이렇게 하기 위한 몇 가지 도구를 개발했는데, 이것들에 대해서는 나중에 자세히 설명할 것이다.

   따라서 우리는 이 책을 통해 이루고 싶은 것에 대해서 더 명확하게 생각하고, 쾌락의 좋은 점을 활용하되, 그것에 집착하거나 그것이 삶을 지배하지 못하게 만드는 방법을 살펴볼 것이다.

아픔과 고통

> 항상 편안하게 살며 아픔 없이 지나가는 것은
> 자연의 나머지 절반을 무시하는 것과 같다.
> • 세네카

이미 살펴보았듯이 스토아학파는 아픔과 고통을 '선호하지 않는 중립적 요소'로 간주했다. 따라서 그것들은 우리가 언제라도 벗어날 수 있는 만만한 요소가 아니기 때문에 가급적 피해야 한다.

스토아학파는 이러한 외부 요소가 우리의 아타락시아^{Ataraxia}(평온한 마음)나 안정감을 위협한다는 사실을 알기에, 고통이나 슬픔을 최소화하기 위해서 다양한 방법들을 제안했다(나중에 살펴볼 것이다).

우선, 그들은 우주는 모두에게 똑같은 양의 카드를 나눠주기 때문에 우리가 좋아하는 사건만 경험할 수는 없다는 걸 이해시켰다. 세네카가 말했듯이, 그렇게 하는 건 '자연의 나머지 절반을 모르는 것'과 마찬가지이기 때문이다.

또한 우리가 겪는 고통 중 상당 부분은 불필요한 데, 이는 일어나지도 않은 상상 속 일들이기 때문이다. 우리는 종종 사건을 미리 생각하고, 그것이 다가오기도 전에 고통을 받기 때문에 결국 두 배의 고통을 받는 셈이다. 곧 살펴보겠지만, 이런 유형의 고통을 줄이는 한 가지 방법은 현재를 더 많이 사는 것이다.

> 우리는 실제보다 상상 속에서 더 많은 고통을 받는다.
> • 세네카

그리고 일단 실제로 슬플 수밖에 없는 사건이 발생하면, 먼저 그들은 그것이 정상적인 감정임을 인식했다. 세네카에 따르면,

"가장 현명한 사람들에게도 타격을 주는 역경들이 있다. 바로 육체적 고통과 장애, 친구나 자녀의 죽음, 전쟁으로 파괴된 국가 같은 재앙이다. 현자는 이런 사건들에 민감한데, 바위처럼 냉담하면 안 되기 때문이다. 당신이 느끼지 않는 걸 극복하는 건 덕행이 아니다."

즉, 스토아학파는 감정을 억누르려고 하지 않고, 다른 전략을 사용해 고통을 줄였다. 그들은 역경이 훌륭한 스승이고, 항상 우리의 철학을 실천할 기회임을 확인한다. 실제로 고통은 종종 우리의 성장을 위해 필요하다. 물론 안전지대를 떠나는 것은 고통을 유발할 수 있지만, 편안함 속에서 이루어지는 변화는 없다. 하지만 우리는 회복해가는 과정에서 더 나은 결과가 생길 수 있다는 사실을 보지 못한 채, 단기적 고통에 빠져 절망한다. 스토아학파는 쾌락이 반드시 좋다거나, 고통이 반드시 나쁘다고는 생각하지 않았다. 쾌락이 우리를 약하게 만들 수 있는 것처럼, 고통은 우리를 강하게 할 수 있다.

> 때로 더 큰 번영의 공간을 확보하기 위해서는 파괴가 필요하다.
> 많은 것이 무너지고 나서 더 좋은 것이 되었다.
> 우리 도시의 적 티마게네스는 로마에 불이 났을 때
> 기뻐하지 않았다. 파괴된 건물들 대신 더 좋은 건물들이
> 생길 것임을 알았기 때문이다.
>
> • 세네카

그리고 늘 그렇듯이 스토아학파는 우리가 미덕에 따라 행동할 때 고통이 생길 수도 있지만, 이것만이 유일한 선임을 강조했다. 그 결과, 물론 그들은 영향력과 부를 얻었지만, 정의감 때문에 권력과 맞섰고, 또 일부는 큰 대가를 치렀다. 세네카는 수년간 망명 생활을 했고, 결국 사형을 선고받았지만, 항상 옳은 일을 하려고 노력하였으며, 고요한 마음을 갖고 살았다. 세네카는 어떤 외부 사건도 정말 나쁜 건 아니라는 사실을 알고 있었다.

만일 좋은 일을 하려고 노력하면,
그 노력은 빨리 지나가지만 좋은 일은 영원히 남는다.
만일 쾌락 때문에 나쁜 일을 하면,
쾌락은 빨리 지나가지만 나쁜 것이 영원히 남는다.

• 가이우스 무소니우스 루푸스

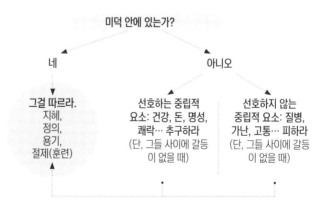

미덕 안에 있는가?

네

아니오

그걸 따르라.
지혜,
정의,
용기,
절제(훈련)

선호하는 중립적 요소: 건강, 돈, 명성, 쾌락… 추구하라
(단, 그들 사이에 갈등이 없을 때)

선호하지 않는 중립적 요소: 질병, 가난, 고통… 피하라
(단, 그들 사이에 갈등이 없을 때)

요컨대 스토아주의는 우리가 자기 행동을 완전히 통제할 수 있으며, 이것이 곧 희생자의식Victimhood을 막는 강력한 백신이기도 하다고 강조한다. 외부의 어떤 것도 실제로 우리에게 해를 끼칠 수 없음을 깨닫고 역경을 극복하며, 그 재앙에서 더 강해지기 위한 도구를 갖고 있거나 개발할 수 있다는 걸 이해하면 삶에 대한 태도가 바뀐다. 즉, 더 명확하게 생각하고 통제할 수 있는 영역 안에서 더 결단력 있게 행동하며, 바꿀 수 없는 것들을 침착하게 받아들이게 된다.

자연스러운 삶의 극치
— 절제와 단순성

 절제는 스토아주의의 기초 중 하나이다. 금욕주의자들은 끝없는 희생을 세상에 알렸고, 에피쿠로스주의자들은 쾌락을 우선시했지만, 스토아주의자들은 절제를 최고의 선택으로 여겼다.

 절제는 그 자체로 미덕이 아니라, 노예가 되지 않으면서 쾌락을 누리는 데 유용한 기술이다.

> 한 아이가 무화과가 든 통에 손을 넣고 한 줌 쥐었는데,
> 지금은 손을 빼지 못해 울고 있다.
> 무화과 몇 개만 포기하면 손을 빼고서 남은
> 무화과를 먹을 수 있을 텐데….
>
> • 에픽테토스

 스토아학파에서 말하는 '자연을 따르는 삶'이란 보통 '이성을 따르는 삶'을 뜻하지만, 자연적 쾌락을 즐기는 걸 뜻하기도 한다. 자연적 쾌락은 실제적 욕구를 충족시키면서 생기는데, 다행히도 자연의 욕구는 적다.

자연은 그가 인간을 위해 만든 걸 쉽게 얻을 수 있게 해주었다.
하지만 우리가 금으로 장식된 사치스러운 옷을 원한다면,
그것은 자연의 잘못이 아니라 우리의 잘못이다.

• 세네카

스토아학파는 쾌락을 얻을 때, 우리에게 좋은 느낌과 자연이
말하는 것이 일치하게 하라고 제안한다.

자연은 쾌락과 필요성을 연결했는데,
이것은 그저 쾌락에만 머무르지 않고,
우리가 필요로 하는 것들을 매력적으로 만들기 위해서이다.

• 세네카

스토아학파가 이미 경고했듯이, 문제는 인간이 쾌락과 필요성
을 분리하고, 쾌락 자체를 목적으로 만들어버리는 것이다. 이것
이 항상 나쁜 건 아니지만, 이런 경우에는 자제력을 발휘해야 한
다. 그렇지 않으면 고통을 받게 된다. 하지만 자제력을 가지면,
장기적으로 보기에 그걸 과도하게 사용하는 것보다 더 큰 즐거
움을 얻을 수 있다.

그뿐만 아니라, 우리 마음과 자제력을 향상한다는 사실 자체
에서 만족감을 얻을 것이다. 음식이나 게으름의 꼭두각시 인형
처럼 느껴지는 것보다 더 나쁜 것은 없다.

우리를 부자로 만드는 것은 마음이다.
우리는 마음에 따라 유배지 혹은 가장 열악한 곳으로 간다.
몸에 필요한 것이 있을 때,
그 혜택을 누릴 수 있게 해주는 게 마음이다.

• 세네카

여기에서 분명히 짚고 넘어가야 할 게 있는데, 이런 자기 통제가 부자유를 의미하는 건 아니라는 사실이다. 우리는 가능한 모든 것이 아니라, 필요한 모든 것에 대해서도 자제력을 발휘할 줄 알아야 한다. 지혜의 미덕은 언제 절제를 훈련하고, 언제 쾌락을 따라야 하는지를 정확히 아는 걸 의미한다.

이 절제는 그들의 또 다른 권고 사항인 단순성과 연결된다. 에픽테토스의 스승인 가이우스 무소니우스 루푸스Gaius Musonius Rufus는 우리 몸에 필요한 양만 섭취하는 건강한 식사를 하라고 권유했다. 또한 그는 때때로 춥고 더울 때 그런 불편함을 견디는 훈련을 해볼 것도 제안했다. 세네카는 겨울에 하는 테베레강 목욕 방법을, 마르쿠스 아우렐리우스는 여행 중 딱딱하고 불편한 침대를 선택하는 것에 대해 설명하기도 한다. 또한 철학의 아버지인 소크라테스는 맨발로 걷는 걸 선호했다.

마르쿠스 아우렐리우스는 특히 수사학의 대가인 궤변가들을 경멸했다. 궤변가들의 웅변은 진리를 드러내기 위해서가 아닌, 과시를 위한 것이었기 때문이다. 궤변가들에서 '궤변sophistication'

이라는 용어가 나왔는데, 이것은 단순하고 자연스러운 것과는 거리가 먼 '과도한 기교'를 뜻한다. 마르쿠스 아우렐리우스는 황제였을 때, 허세와 겉치레를 줄였다. 그는 황실의 예복을 피하고 단순한 옷을 자주 입었는데, 중요한 손님들을 맞을 때도 일반 시민들처럼 입었다. 이런 절제는 스토아학파가 '자연과 가까운 생활'이라고 부르는 것의 일부분이었다.

마르쿠스 아우렐리우스에 따르면, 궤변가와 스토아주의자의 차이점이 있으니, 전자는 칭찬을 얻기 위해 말했고, 후자는 가르침을 위해 말했다. 전자는 사람들에게 그럴싸하게 보이려고 애썼고, 후자는 사실을 그대로 전달하려고 했다. 또한 전자는 감정적이고 복잡한 언어를 사용했고, 후자는 객관적이고 명확한 언어를 사용했다. 그래서 오늘날로부터 2천 년 전에 세네카나 마르쿠스 아우렐리우스가 쓴 글을 읽어도 타당하고 실용적이라고 느끼기 마련이다.

요컨대 절제와 단순함은 건강하고 좋은 삶을 사는 데 도움이 된다.

그 무엇에도 얽매이지 않는 삶
— 자유

자유가 무엇인지 묻는 건가?
자유란 사람들이나 신들을 두려워하지 않고,
부정직이나 과도한 걸 원하지 않으며,
자신을 완전히 통제하는 것이다.

• 세네카

이렇게 생각하라.
그대는 어른이기에 더이상 노예가 되지 않고,
어떤 충동에도 꼭두각시처럼 흔들리지 않을 것이며,
현재 상황에 대한 불평을 멈추고,
미래를 두려워하지 않을 것이다.

• 마르쿠스 아우렐리우스

우리는 보통 우리가 원하는 일을 하는 걸 자유라고 생각하지만, 역설적으로 원하는 걸 다 하는 건 최악의 노예 상태일 수 있다. 만일 이성이 욕망에 무릎 꿇으면, 우리는 욕망의 노예가 될 수밖에 없다. 그리고 세네카의 말처럼, "가장 타락한 노예제는 자신의 노예가 되는 것이다."

스토아학파에서 말하는 유일한 노예는 자기 정념에 묶여 있고, 그 감정에 휘둘리는 사람이다. 통제가 없는 마음은 최악의 감옥이다. 자제하는 훈련이 없이는 자유도 없다. 예를 들어, 누군가가 삶을 즐기는데 꼭 담배나 빵이 필요하다면, 실제로 그 사람은 그 욕구의 노예인 셈이다. 그러므로 자유란 매 순간 생기는 욕구를 다 채우지 않고, 이성에 따라 행동할 수 있는 능력이다.

또한 스토아학파는 '진짜 자유로운 사람은 외부에서 일어나는 일과 상관없이 차분한 마음을 유지할 수 있어야 한다'고 생각했다. 그들은 우리가 통제할 수 있는 것 중에서만 좋고 나쁜 걸 판단하는 것처럼, 자유를 우리 상황과 무관하게 얻을 수 있는 내적 요소로 보았다. 에픽테토스는 원래 노예였지만, 결코 자신을 노예라고 여기지 않았다. 그는 다른 사람들이 자신의 몸을 지배할지언정, 마음의 자유를 빼앗지는 못한다는 사실을 알고 있었다.

우리가 통제할 수 없는 것들에 대해서 너무 많이 생각하면 자유를 잃게 된다. 반대로 마음의 상태를 다스리면 자유를 얻고, 감정적 고통에서도 벗어날 수 있다.

많은 고통 속에서 풍요롭게 사는 것보다,
두려움과 고통에 휩싸이지 않고서 배고프게 사는 게 낫다.

• 에픽테토스

스토아학파는 마음을 일종의 불로 보았는데, 그 불은 우리의 길을 방해하는 모든 걸 녹일 수 있다. 그리고 우리의 행동을 방해하는 것은 무엇이든 우리의 자양분이 될 것이고, 아무것도 우리의 옳은 일을 막을 수는 없다. 우리에게 다가오는 장애물은 이성적으로 반응할 자유를 행사할 수 있는 또 다른 기회일 뿐이다.

> 행동을 막는 것이 행동을 앞당긴다.
> 길을 막는 장애물이 길이 된다.
>
> • 마르쿠스 아우렐리우스

이런 신념을 가지면, 어떤 외부 요소도 우리의 자유를 빼앗을 수 없다. 왜냐하면 우리가 역경 앞에서의 반응을 직접 선택할 수 있기 때문이다. 다행히도 오늘날에는 육체적 노예 제도가 허용되지 않지만, 많은 사람이 여전히 두려움과 욕망의 노예로 살아간다. 최악의 사슬은 스스로를 묶는 사슬이다.

> 왜 탈출하려고 애쓰는 것이 도움이 되지 않을까?
> 당신의 마음이 당신과 함께 갈 것이기 때문이다.
> 어디서든 편하게 지내려면 정신적 부담에서 벗어나야 한다.
>
> • 세네카

오늘날 세상은 끝없는 피상적 즐거움과 작은 산만함으로 우리를 노예로 만든다. 따라서 전략적으로 쾌락을 버리고 어느 정도의 불편함을 받아들이는 능력을 갖추면 우리에게 자유가 생긴다. 덜 필요하다고 여기면, 더 자유롭다. 따라서 통제되지 않은 욕망은 또 다른 노예제이다.

지금 이 순간에 집중
— 주의력

당신은 주의를 기울이는 대상으로 변한다.

• 에픽테토스

인생에서 가장 큰 걸림돌은
내일을 기다리는 것과 오늘을 잃는 것이다.

• 세네카

대부분의 사람은 자동 조종 장치(조종사의 조작 없이도 일정한 비행 상태를 유지하게 해주는 장치) 안에서 삶의 상당 부분을 보낸다. 그들은 의식적으로 자기 생각이나 행동을 선택하지 않고, 그저 사회적 관성과 정서적 반응에 이끌려가며 산다. 그들의 주의력은 매일 벌어지는 가짜 비상사태에 끊임없이 납치된다.

우리가 생각과 행동을 잘 관찰하기만 해도 마음속에서 일어나는 일들을 더 잘 알 수 있다. 이것이 바로 스토아학파가 '프로소케prosoche(지금 이 순간에 대한 집중 혹은 몰입)'라고 부르는 과정의 목적인데, 여기에는 분명한 이점이 세 가지 있다.

1. 우리의 주의력을 통제하면 생각과 행동이 개선되고, 진정한 목표를 향해 나아가게 된다.
2. 현재에 집중하면 과거의 기억이나 미래에 대한 두려움으로 인한 감정적 고통을 상당히 피할 수 있다.
3. 지금 순간에 집중하면 역경을 견디는 데 도움이 된다.

첫째, 주의력은 우리가 전에 알지 못했던 생각을 바라볼 수 있게 해주는 마음의 등불이다. 예를 들어 주의를 기울이면 스트레스가 높아질 때 식욕도 어떻게 높아지는지 알 수 있다. 그리고 이런 욕구를 통제할 수 없는 상황에 이르기 전에 먼저 개입할 수 있다.

우리가 행동하는 이유를 이해하는 것이 행동 개선의 첫 번째 단계이다. 여기에 주의를 기울이지 않으면, 무의식적 충동의 손에서 꼭두각시 노릇만 하게 될 것이다. 스토아학파가 깨달은 것처럼, 우리가 행동하는 이유를 이해하는 것이 완벽한 기술은 아니지만, 종종 우리에게 도움이 될 것이다.

> 과연 항상 완벽하게 행동하는 것이 가능할까? 아니다.
> 하지만 항상 주의를 기울이면 많은 실패를 피할 수 있다.
> • 에픽테토스

두 번째 요점으로 넘어가서, '프로소케'는 불교의 유명한 '마음

챙김^{mindfulness}' 개념과 비슷하다. 통제의 이분법에서 보았듯이, 과거와 미래는 우리가 통제할 수 있는 영역이 아니다. 따라서 우리가 바꿀 수 있는 것, 즉 우리 앞에 있는 것에 초점을 맞춰야 한다. 우리가 움직일 수 있는 유일한 임시 구역은 바로 현재이다.

> 지금 이 순간의 객관적 판단,
> 지금 이 순간의 합리적 행동,
> 지금 이 순간에 일어나는
> 모든 외부 사건의 무조건적 수용,
> 그대에게는 이것만 있으면 된다.
>
> • 마르쿠스 아우렐리우스

우리가 그토록 바라던 걸 이루었는데도 생각보다 덜 만족스러운 것처럼, 미래만 꿈꾸면 현재의 만족을 잃게 된다. 그렇게 될 거라는 기대감은 지금 있는 상황을 즐기지 못하게 방해한다. 따라서 현재에 집중하는 것은 과거의 후회와 미래의 불안을 막아주는 해독제이다.

분명 현재의 행동은 과거의 가르침을 바탕으로 미래의 목표를 향하고 있지만, 거기에는 과거의 실수에 대한 죄책감과 미래의 불확실성에 대한 불안감이 없어야 한다.

그대를 지치게 하는 건 과거나 미래가 아니라
현재라는 걸 명심하라.
만일 그대가 현재를 둘러싸고 고립시키면,
그것은 더 작아질 것이다.

• 마르쿠스 아우렐리우스

마지막 세 번째로, 지금 순간에 집중하는 것도 역경을 극복하는 효과적 전략이다. 우리의 상황을 영원한 것으로 해석하는 대신, '오가는 연속적 순간'으로 본다면 모든 걸 더 잘 견뎌낼 수 있다.

너무 많은 것에 관한 생각이 그대를 압도하지 않게 하라.
일어날 수 있을 거라 짐작하는 온갖
나쁜 일들로 마음을 채우지 말라. 현재 상황에 집중하고,
극복할 수 없는 어려운 점이 무엇인지 자문하라.

• 마르쿠스 아우렐리우스

마르쿠스 아우렐리우스는 로마 최고의 황제 중 하나였지만, 그의 통치 기간은 그리 평온하지 않았다. 많은 재앙으로 수많은 사람이 죽었고, 많은 적군이 제국의 경계를 침범했다. 그는 집 밖에서 오래 머무르며 많은 전투를 이끌어야 했다. 그는 조용한 사색의 삶이 아니라, 끝없는 행동의 삶을 살았다. 그는 스토아학파의 가르침에서 수많은 문제를 처리하는 데 도움이 될 만한 많은

전략을 발견했는데, 그중 하나가 현재 상황과 바로 다음 행동에 생각을 집중하는 것이었다.

항상 현재의 일에 집중하고,
그 외 부수적인 것들은 신경 쓰지 말라.
주어진 일 하나하나가 마지막 일인 것처럼 생각하고,
이성을 감정적으로 파괴하지 않고,
위선과 허영심, 주어진 상황에 불평이 없다면
그대는 그렇게 할 수 있다.

• 마르쿠스 아우렐리우스

이것은 역경을 매번 한 단계씩 견딘다는 뜻이다. 현재 순간을 견딜 수 있다면, 바로 다음 순간도 견딜 수 있다.

앞으로도 계속 나오겠지만, '프로소케'는 스토아주의의 초석이다. 앞으로 이 부분을 중점적으로 다룰 것이다.

스토아적 인간형

스토아적 인간은 이렇게 한다

만일 위험에 용감히 맞서고, 욕망에 흔들리지 않으며,
역경 속에서도 행복하고, 폭풍 속에서도 평온한 사람을 만난다면,
경외심이 느껴지지 않을까?

• 세네카

앞에서의 모든 내용에서 보듯이, 스토아주의자는 자신과 주변 세계에 대해 객관적 시선을 가지고 있다. 그들은 분명하게 생각하고 합리적으로 행동한다. 또한 자신이 통제할 수 있는 것과 그렇지 않은 걸 알고, 바꿀 수 있는 대상에만 집중한다.

물론 다른 사람들처럼 충동을 느끼지만, 그것들에 끌려가지 않도록 노력한다. 세부 사항에 주의를 기울이고, 사소한 일에는 신경 쓰지 않는다. 또한 과거를 통해 배우고, 자신의 행동이 미래에 미칠 영향을 고려한다. 하지만 이전 경험으로 인한 부정적인 감정에 집착하지 않고, 앞으로 다가올 일도 걱정하지 않는다.

또한 세상사에 무심하면서도 그중 어떤 건 선호하기에 그걸

이루기 위해 노력한다. 이렇게 자기 목표를 이루기 위해 열심히 노력하지만, 결과가 항상 자기 손에 있는 건 아니라는 사실을 이해한다.

물론 꼭 돈이나 명성을 얻기 위해 행동하는 건 아니지만, 명확성과 훈련은 결국 두 가지를 다 얻을 가능성을 높여준다. 그리고 그것들을 얻으면 거부하지 않지만, 그렇다고 집착하지도 않는다. 운명이 언젠가 그들에게 준 걸 뺏어가도 마음 상태는 똑같이 유지된다. 삶의 즐거움을 적당히 누리되, 그것의 노예가 되지는 않는다.

이런 사람은 사회생활에 참여하지만, 중요하지 않은 일에 대해서는 일정한 거리를 유지한다. 타인과 함께하는 걸 소중히 여기지만, 고독 속에서도 행복해할 줄 안다.

또한 역경을 일부러 찾는 건 아니지만, 역경이 다가오면 침착하게 대처한다. 그리고 몸과 마찬가지로 마음이 강해지기 위해서는 도전이 필요하다는 걸 알고 있다. 그래서 모든 장애물을 학습하거나 자신을 개선할 기회로 삼는다.

리더들을 위한 스토아주의

만일 이성이 당신을 지배한다면,
당신은 많은 걸 지배하게 될 것이다.

• 세네카

이 책에서는 리더십의 특성을 깊이 다루지는 않는다. 하지만 스토아적 자질들을 계발하면 더 나은 리더가 될 수 있다는 건 분명한 사실이다.

그렇다면 스토아적 리더는 어떤 리더일까? 이런 리더는 자기 자신을 믿지만, 오만하지 않다. 용기 있게 행동하지만, 불필요한 위험을 떠맡지는 않는다. 이기려고 노력하지만, 질 줄도 안다. 단호하지만, 공격적이지 않다. 또한 정직하지만, 순진하지는 않다. 필요한 말은 하지만, 너무 많이 하지는 않는다. 감정을 느끼지만, 어떤 상황에서도 침착함을 유지한다. 팀과 좋은 관계를 유지하지만, 개인적 관계로 결정을 그르치지는 않는다.

따라서 많은 스토아주의자가 권력을 얻고, 제국을 이끌거나 철학학교를 성장시킨 것은 우연이 아니다. 훌륭한 스토아주의자는 훌륭한 리더이다.

완전한 스토아주의자는 존재하지 않는다

선원들이 별자리 안내를 받는 것처럼
우리에게는 생각과 행동을 안내해줄 이상이 필요하다.

• 세네카

만일 이전에 했던 모든 말이 허구같다면, 그 말도 어느 정도는 일리가 있다. 진정한 스토아주의는 실제가 아닌 이상이고, 단지 자신을 측정하는 기준이기 때문이다. 스토아주의자들은 이런 이상적인 사람을 소포스sophos 또는 현자라고 불렀다. 그리고 이 이상을 추구한 사람을 철학자라고 불렀는데, 정확히 말하면 '지혜를 사랑하는 사람'이다.

스토아주의자들은 어려운 순간에 이런 이상적 이미지를 떠올리면서, 현명한 사람이라면 어떻게 할까 생각해보았다.

따라서 우리가 완벽한 스토아주의자가 되지는 못하지만, 노력함으로써 스스로 더 나은 사람이 될 수 있을 것이다. 또한 이런 이상을 이룰 수 없다는 사실을 깨달으면, 우리가 그렇게 할 수 없을 때 너무 자책하지 않게 된다. 우리는 그저 실수를 반성하고 개선을 위한 행동을 생각해야 한다. 즉, 우리는 완전함이 아닌 발전을 추구한다.

마지막으로 이 철학이 결국 당신의 삶에 도움이 되더라도, 자신이 스토아주의자라고 말하고 다니지는 말라. 스토아주의는 내면에서 이루어지는 것이기 때문이다. 에픽테토스가 말했듯이 "당신의 철학을 설명하지 말고, 그대로 실천하라."

무기가 되는 스토아철학

스토아주의는 그저 이론적인 철학이 아니라, 실용적 가르침이자 도구이다. 스토아학파는 우리 삶을 전투나 싸움에 자주 비유했다. 마르쿠스 아우렐리우스도 "삶의 예술은 춤보다는 전투에 가깝다"고 말했다.

마르쿠스 아우렐리우스는 평생 많은 적을 상대하며 전쟁을 이끌었지만, 가장 중요한 전투는 자기 안에서 끊임없이 벌이는 전투라고 확신했다. 그는 우리 자신이 아닌 어떤 적도 우리에게 피해를 줄 수 없으므로, 우리의 중요한 재산인 마음을 다스려야 한다고 믿었다.

에픽테토스의 책인 『편람Enquiridion』은 어려운 상황에 대처하기 위한 일련의 정신적 무기인데, 종종 '의료 필수품armamentarium'이라고 불리기도 했다. 세네카의 편지는 다양한 트라우마나 딜레마를 극복하기 위한 치료법으로 볼 수 있다. 예를 들어, 두려움을 극복하고서 시간을 활용하거나 슬픔을 극복하는 방법을 설명했다.

스토아주의는 매력적인데, 이런 실용적인 철학 도구가 삶의 문제를 예방하거나 고치는 데 효과가 있기 때문이다. 이후에 이런 기술은 현대 과학으로도 검증되었으며, 아마도 심리학에서 가장 효과적인 현대 인지행동치료의 기초가 되었을 것이다.

하지만 고전들을 읽더라도 이런 도구들을 쉽게 얻을 수 있는 건 아니다. 다양한 글들이 순서나 연관성 없이 여기저기 흩어져 있기 때문이다. 따라서 이 책에서는 가장 강력한 도구들을 선택해 변화의 과정을 강조하면서 실용적인 방법으로 설명하려고 노력했다.

만일 이런 기술 중 하나만이라도 일상생활에 도움이 된다면, 그것이 이 책을 읽은 것에 대한 보상이 될 것이다. 하지만 그러한 방법 중 대부분을 따른다면, 그 안에서 더 많은 가치를 발견하게 될 것이다. 그것들을 적용함으로써 당신의 정신력과 행동, 그리고 결과가 상당히 개선된 것도 확인하게 될 것이다.

단, 단순히 몇 번 적용하고 나서 큰 변화가 일어날 거라고 기대하지는 말라. 운동 프로그램을 꾸준히 따를 때 우리 몸이 변하는 것처럼, 이 정신적 무기를 규칙적으로 연습해야 실제적 도움을 얻을 것이다. 수많은 사고 습관과 자동 반응은 수년간의 반복 후에 강화된 것이므로, 더 적절한 반응을 선택하려면 연습과 노력이 필요하다.

에픽테토스가 반복한 것처럼, 우리는 철학을 병에 걸렸을 때 복용하는 단순한 약이 아니라, 매일 바르는 로션으로 이해해야 한다. 스토아주의는 연구하는 게 아니라, 매일 실천하는 것이다.

현대 인지행동치료의 토대가 되다

고대 스토아주의자들은 훌륭한 심리학자들이었다. 그들은 뇌의 생화학적 혼합물은 몰랐지만, 인간의 본성은 다스릴 줄 알았다. 그들은 생각과 감정 및 행동 간의 관계를 직관적으로 파악하고, 그런 측면들을 개선하기 위해 특정 기술을 개발했다.

안타깝게도 시간이 흐르면서 그들의 가르침 중 많은 부분이 사라졌다. 그리고 심리학이라는 새로운 과학이 그걸 되살리는 데 많은 시간이 걸렸다. 수십 년간 심리학은 잘못된 신념과 비효율적 정신분석 기법을 바탕으로 표류하는 과학이었다. 물론 지그문트 프로이트^{Sigmund Freud}의 생각들은 일부 유효하긴 했지만, 대부분은 속임수였다. 보통 과거 경험에 대해 몇 시간 이야기하는 것만으로는 아무것도 해결할 수 없다.

1950년대부터 애론 벡^{Aaron Beck}과 알버트 엘리스^{Albert Ellis}와 같은 심리학자들은 고전적 접근 방식의 비효율성에 환멸을 느끼면서 변화를 추구하기 시작했다. 과거의 학설에 얽매이지 않았던 그들은, 실용적이고 측정 가능한 개선을 일으키는 치료법을 실제로 개발하고자 노력했다. 그 과정에서 스토아적 사고의 혜택을 받은 그들은, 이를 사용해 새로운 접근 방식의 토대를 마련할 수 있다고 확신했다.

벡과 엘리스는 환자들의 많은 문제가 그 자신, 세계 또는 미래에 대한 부정적인 자동적 사고^{automatic thinking}에서 비롯된다는 걸 잘 알고 있었다. 이러한 왜곡된 생각은 과장된 감정을 불러일으키고, 궁극적으로는 잘못된 행동을 유발해서 안 좋은 결과를 만들었다. 이런 생각을 구분하고 자동적 사고에 의문을 제기하도록 환자들을 교육하자, 그들의 의사 결정 방식이 개선되었다. 또한 그들은 더 생산적인 관점을 선택했고, 이것은 삶에 긍정적 영향을 끼쳤다.

우리의 사고와 신념 및 감정은 일종의 세상을 보는 렌즈이다.

제1장 스토아철학의 원칙들

따라서 그 렌즈를 바꾸면 세계관도 바뀐다. 일부 현대 사상들이 공표하는 것과는 달리, 목표는 '분홍빛 안경을 쓰지 않고도 모든 것이 잘될 거라고 긍정적으로 생각하는 것'이다. 하지만 맹목적 낙관주의는 비이성적 비관주의만큼 파괴적이다. 그리고 자기속임self-deception이 작동하지 않을 때도 많다. 우리는 현실에 대한 명확한 비전을 추구하지만, 더 생산적인 관점이 있다는 것도 알고 있다.

> 만일 외부 조건들이 당신에게 해를 끼친다면,
> 해를 끼치는 것은 그것이 아니라 그들에 대한 당신의 신념이다.
> 그리고 그러한 신념을 바꾸는 것은 당신의 힘에 달려 있다.
>
> • 세네카

인지행동치료의 기본은 생각과 감정 및 행동 간의 상관관계를

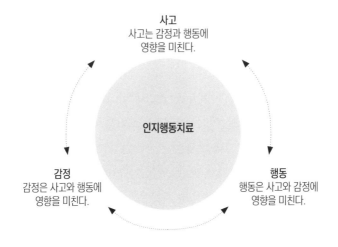

사고
사고는 감정과 행동에
영향을 미친다.

인지행동치료

감정
감정은 사고와 행동에
영향을 미친다.

행동
행동은 사고와 감정에
영향을 미친다.

살펴보는 것이다. 즉, 우리의 감정과 행동은 생각에 따라 달라진다. 그리고 감정은 우리의 생각과 행동에 차례차례 영향을 미친다. 마지막으로 우리 행동은 생각과 감정에 영향을 미친다.

우선, 이 개념적 모델을 사용하면 문제를 더 작은 부분으로 나누어서 하나하나에 대해 생각해볼 수 있다. 또한 우리의 감정과 신념에 의문을 제기하는 도구를 통해 부정적 짐을 줄일 수 있다. 이런 방식으로 하면 결국 문제가 되는 행동을 보다 생산적인 행동으로 대체할 수 있다.

예를 들어, 어떤 대상에 대한 공포증이 있을 때, 무의식적으로 피하는 반응을 보일 수 있지만, 그렇게 하면 그 문제를 해결하지 못한다. 대신 두려움 앞에 자신을 조금씩 드러내야 한다. 장기적으로 기분이 훨씬 나아지려면, 단기적으로 기분이 나빠지는 걸 기꺼이 감수해야 한다. 두려움을 유발하는 상황을 피하기만 하면, 그 두려움은 더 강화될 뿐이다.

만일 술로 두려움을 달래려고 한다면, 두 가지 문제인 '두려움'과 '중독'이 생긴다. 기분을 단기적으로 좋게 만드는 것들은 장기적으로 문제를 키울 수 있다.

그런데 '인지-행동'이라는 이름이 붙은 이유가 뭘까? 인지는 주의력을 포함해 생각에서 신념에 이르기까지 마음에서 일어나는 모든 걸 말한다. 그리고 행동은 움직임과 연관이 있는데, 이것은 행동하는 것과 피하는 것 모두를 포함한다.

이 치료법은 우리의 생각과 거리를 두도록 가르친다. 우리의 마음에서 일어나는 일을 마치 과학자라도 된 것처럼 관찰하고, 우리가 생각하는 것에 의문을 제기하고, 우리가 반응하는 방식도 관찰한다.

단, 심각한 장애가 있다면 심리학자의 손에 맡겨야 한다. 그러나 대부분은 이 설명서에 포함된 도구를 배우고 적용하는 것만으로도 자기 마음을 더 잘 이해할 수 있고, 그 결과 행동과 결과를 개선하는 데 도움을 받게 될 것이다.

스토아형 인간으로 가는 길

모든 스토아적 개념들을 조직하고 그걸 변화의 과정에 적용하는 구체적인 방법론은 없다. 하지만 에픽테토스가 제안한 세 가지 위대한 스토아적 실천을 기반으로 다음의 내용을 정리해볼 수 있다.

1. 인식의 연습: 우리의 내면과 외부 세계에 대한 지식을 향상하기 위해서.
2. 행동의 연습: 우리가 선택하는 결정과 행동을 이해하고, 지연이나 두려움을 막기 위해서.
3. 통제의 연습: 역경이나 우리가 바꿀 수 없는 것에 적절하게 대응하기 위해서. 이것을 통해 욕망과 유혹을 극복할 수 있다.

그리고 더 쉽게 적용하기 위해서 이런 연습을 명확한 시각화, 결단력 있는 행동, 훈련 견디기라는 세 가지 단계로 나누었다. 이것들은 순차적이긴 하지만, 실제로는 일정한 주기를 나타낸다. 행동할 때 배우게 되고 더 명확해지므로 그 결과 행동이 개선되고, 나타나는 새로운 장애물을 통제하거나 극복할 수 있게 된다.

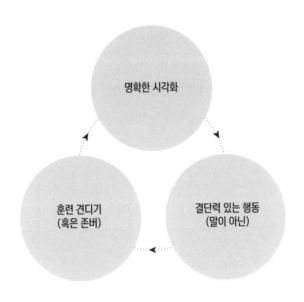

명확한 시각화

우리의 인식은 관찰하는 각도에 따라 달라진다. 스토아주의는 다른 관점에서 사물을 보고서 더 객관적인 관점을 얻도록 장려

제1장 스토아철학의 원칙들

한다.

이런 관찰 능력은 일반적으로 가장 중요한 미덕으로 여겨지는 지혜의 기본적 특징이다. 우리 행동이 제대로 방향을 잡지 않으면, 용기나 훈련은 거의 소용이 없다.

이 훈련을 통해서 자신을 더 잘 아는 방법을 배울 것이다. 그리고 문제와 가치 있는 목표에 대해서 생각해볼 것이다. 또한 부적응적인 감정(예, 불안이나 분노)을 식별하고, 문제를 일으키기 전에 제어하는 방법도 배울 것이다. 평온한 마음만이 현실을 분명하게 볼 수 있다.

인식이 행동보다 앞서고, 올바른 행동은 올바른 인식을 따른다.

결단력 있는 행동

행동하지 않는 비전은 아무런 소용이 없고, 방향이 분명해지면 행동으로 옮겨야 한다. 하지만 많은 사람이 이런 전환에 실패하고, 결과적으로 계획이라는 내부 세계에서 행동이라는 외부 세계로 도약하지 못한다. 그러나 행동 없이는 아무것도 변하지 않는다.

이 훈련에서는 행동 지연과 시간 부족 같은 행동의 주된 적을 물리칠 도구를 발전시킬 것이다. 또 정해놓은 목표를 달성하는 데 필요한 단계도 따르게 될 것이다.

훈련 견디기

좋은 목적지로 가는 길에 장애물이 없을 수가 없다. 스토아학파가 말한 것처럼 장애물도 길의 일부분이다. 이 훈련에서는 역경에 맞서고 문제와 유혹을 극복하는 데 필요한 정신적 무기를 갖게 될 것이다. 또한 자신이 바꿀 수 없는 걸 받아들이고, 실제로 바꿀 수 있는 것들을 해결하는 데 정신적 에너지를 쏟는 법을 배울 것이다.

* * *

분명히 이것은 반복되는 주기이다. 길을 더 가다 보면 자신과 목표에 대해 더 많이 알게 될 것이다. 또한 목적지에서 벗어나게 만드는 장애물과 유혹을 더 잘 이해하게 될 것이다. 이 정보는 더 분명한 명확성을 제공하고, 계속 발전해나가기 위해 행동을 다시 조정하는 데에도 도움이 될 것이다.

물론 개선은 쉽지 않다. 그리고 노력과 주의력이 필요하겠지만, 그 결과는 당신을 완전히 바꾸어놓을 것이다. 즉, 자기 발견이 늘고 자기 훼방self-sabotage은 줄며, 인내는 늘고 짜증은 줄며, 목적은 늘고 유혹은 줄며, 생산성은 높아지고 불안감은 낮아질 것이다.

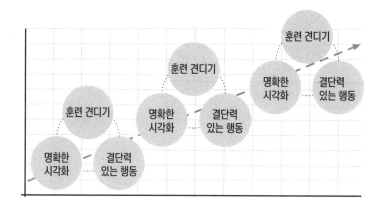

헤라클레스처럼 자신의 길을 선택하라

사자와 히드라, 멧돼지 및 기타 모든 위험이 없었다면
헤라클레스는 어떻게 되었을까?
그런 도전이 없었다면 무엇을 했을까?
그저 침대에 누워 계속 잠을 잤을 것이다.
그리고 사치스럽고 안락한 삶을 살면서 결코
강력한 헤라클레스가 되지 못했을 것이다.

• 에픽테토스

스토아학파는 영감의 원천과 가르침의 원리를 설명할 때 헤라클레스의 모습을 예로 들었다. 그들은 학생들에게 되고 싶은 사람과 가고 싶은 목적지를 생각하게 했다. 스토아주의의 창시자인 제논은 헤라클레스의 결정적 삶의 순간에 대해 읽고 나서 철학을 연구하기로 했다고 알려져 있다.

그 전설에 따르면 헤라클레스는 갈림길에서 어디로 가야 할지 몰라서 자신의 운명에 대해 생각하고 있었다. 그때 두 여신이 그에게 나타났다. 먼저 '카키아Kakia'라는 여신이 그를 유혹했다. 카키아는 헤라클레스에게 사치와 즐거움으로 가득 찬 쉬운 길을 약속했다. 그 길에서는 위험에 맞서거나 노력할 필요가 없고, 다른 사람들의 일을 통해서도 살 수 있다.

또 다른 여신인 '아레테Arete'는 헤라클레스에게 다가와 위험과 도전이 가득한 길고 어려운 길을 제안했다. 그러면서 헤라클레스에게 "신들은 노력과 헌신 없이는 인간에게 정말 훌륭하고 감탄할 만한 걸 제공하지 않아요!"라고 말했다. 헤라클레스는 이런 도전을 통해 용기와 지혜를 드러내고, 결단과 통제를 통해 전투를 벌일 수 있었다. 오직 이렇게 할 때만 타고난 잠재력을 계발하고, 그 결과 진정으로 지속적 행복(에우다이모니아)을 얻을 수 있다.

우리가 아는 것처럼 헤라클레스는 미덕의 길(아레테)을 선택했고, 유명한 열두 가지 과업에 끊임없이 도전했다. 그는 모든 장애물을 통해 배우면서 자신을 개선했다. 그의 죽음 이후, 전능한 제우스는 그의 모범에 너무나 감명받아 그를 신의 지위로 끌어올렸다.

스토아학파는 현실에서 좋은 삶의 본보기를 보여주기 위해 이

우화를 은유적으로 사용했다. 그들은 단순히 몸과 마음이 편안하지만 약해지기 쉬운 삶을 추구하기보다는, 도전을 통해 가치 있는 것들을 추구하는 편이 낫다고 주장했다. 순간적 쾌락을 추구하는 것은 결코 행복(에우다이모니아)으로 가는 길이 아니다. 많은 사람이 쾌락을 행복과 혼동하지만, 진정한 행복은 개인적 성취와 더 관련이 있다. 따라서 일을 해야 한다.

헤라클레스의 전설은 우리가 살아가면서 매일 내려야 하는 결정을 상징한다. 우리는 원하는 것과 그걸 얻기 위해 해야 할 일을 결정해야 한다. 혹시 희생을 치르지 않는 삶을 찾고 있는가, 아니면 목적이 있는 삶을 찾고 있는가? 쉬운 길을 선택해서 그저 끌려가는 삶을 사는가, 아니면 당신의 삶을 개선하기 위해 어려운 길을 선택하겠는가?

당신의 삶을 개선하기로 마음을 먹었다면, 계속 다음 내용을 읽어보라.

제2장

명확한 시각화

평온은 올바른 마음의 질서에 달려 있고,
이것만이 실제로 그대에게 속한 것이다.

• 마르쿠스 아우렐리우스

우리는 진리를 발견하는 철학자가 된다.
이것은 잘못된 추론과 성급한 판단,
또는 부모와 교사의 선의에 따른 것이었지만
잘못 받은 교훈의 우연한 결과이다.

• 에픽테토스

우리는 자신이 스스로 결정을 내릴 수 있는 이성적 존재라고 생각하지만, 사실은 아니다. 우리의 행동은 우리도 알지 못하는 사이에 생각과 감정의 영향을 많이 받는다. 종종 처음 받는 느낌들은 현실을 잘 반영하지만, 다른 많은 경우에는 그렇지 않다. 그리고 현실을 바라보는 시선이 왜곡될수록 더 나쁜 결정을 내리게 된다. 이것은 마치 흐릿한 지도를 보면서 다른 도시로 가려고 하는 것과 같다.

명확하게 보는 첫 번째 단계는 마음속에서 일어나는 일을 더 잘 인식하는 것이다. 보이지 않는 걸 보이게 함으로써 그걸 바꿀 수도 있다. 따라서 우리의 신념과 자동적 반응이 우리에게 도움이 되는지, 아니면 해를 끼치는지 잘 자문해보아야 한다.

첫인상은 거짓말이다
— 마음 이해하기, 자극에서 반응까지

당신의 마음속에 나타나는 것들을 살펴보라.
다른 사람들의 말에 대해 객관적으로 생각하고서
자신의 신념을 확립하라.

• 에픽테토스

우리는 첫 느낌을 받을 때 생각과 사실을 혼동하는 경향이 있다. 그런 느낌들이 사실을 정확하게 반영한다고 여기기 때문이다. 이것은 확실한 거짓이다. 같은 사건에 대해서조차 사람마다 해석이 아주 다를 수 있다.

스토아학파는 우리가 사건에 직접 반응하는 것이 아니라, 사건에 대한 해석에 반응한다는 사실을 이해했다. 그래서 스토아학파는 우리에게 "처음 받는 느낌을 의심해보라"면서 "의견을 너무 빨리 내놓지는 말라"고 경고했다. 그러니까 우리 주변에서 일어나는 일에 대해 올바른 결정을 내리려면, 성급한 가치 판단을 하면 안 된다.

외부 사건이 그대를 불편하게 한다면,
그것은 사건 자체가 아닌, 그것에 대한 그대의 판단 때문이다.
그리고 그대에게는 그 판단을 바꿀 힘이 있다.

• 마르쿠스 아우렐리우스

스토아학파는 언어의 힘을 이해했다. 그들은 다양한 단어가 다양한 감정적 반응을 일으킨다는 걸 잘 알고 있었다. 따라서 단어를 사용할 때 다른 내용을 추가하지 말고, 사실만을 정확하고 객관적으로 설명하라고 조언했다.

예를 들어 "이 상황은 끔찍해!"라고 생각하는 대신, "뭔가가 벌어졌는데, 처음으로 느낀 감정은 끔찍함이다"라고 생각해보자. 그리고 두 번째 선택은 거리를 두고서 사실을 더 차분하게 관찰하는 것이다.

예를 들어, 유리가 깨졌다면 "내가 또 유리를 깼네!", "난 멍청해!", "난 제대로 한 적이 한 번도 없다니까!"라고 생각하는 대신, 단순하게 "유리가 깨졌다"고 생각하면 된다. 후자는 객관적 사실이고, 전자는 가치 판단이다. 아마 거짓이거나 전혀 도움이 안 될 가능성이 크다.

스토아학파는 우리가 받은 첫 느낌을 '판타시아phantasia'라고 불렀다. 이것은 사실을 잘 반영할 때도 있지만, 그렇지 않은 경우도 많았다. 그러므로 그것들을 받아들이기 전에 먼저 그것들을 사실이 아닌 가설로 취급하면서 의문을 가져야 한다.

그렇게 첫 번째 인식을 조사함으로써 우리는 그걸 바꿀 수 있다. 즉, 자신과 주변 세계에 대해서 보다 유익한 관점을 채택할 수 있다. 그리고 더 명확한 관점을 가질 때, 대답도 더 정확해질 것이다.

첫인상의 강렬함이 당신을 강타할 때 억지로 끌려가지 말라.
대신 그것이 오면 이렇게 대답하라.
"첫인상이여, 잠시만 기다려주십시오.
당신이 누구이며 무엇을 나타내는지 검사해보겠습니다."

• 에픽테토스

이런 방법을 실천하는 것이 중요한데, 검사하지 않은 첫인상들은 여러 과장된 감정의 원인이기 때문이다. 에픽테토스는 우리 자신을 요새의 야간 경비병이라고 상상해보라고 조언했다. 즉, 누군가가 나쁜 의도를 품고서 요새에 다가올 때 이를 막는 경비병처럼, 우리에게 해를 끼칠 수 있는 정념이 마음의 요새에 들어오지 못하게 막아야 한다.

대다수가 자신의 감정이 자신에게 일어나는 일에 대한 직접적 반응이라고 생각하지만, 사실은 그렇지 않다. 사건과 감정 사이에는 자동적 해석이 들어 있는데, 이것은 반응을 조절하는 무의식적 여과 과정이다.

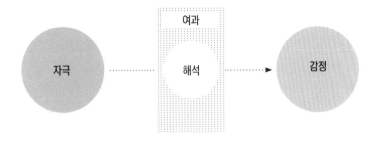

여과

자극 .... 해석 ......▶ 감정

　이 여과 장치 중 일부분은 타고나는 것이지만, 우리의 경험과 신념 및 내부 규칙에 따라 삶 전반에 걸쳐 변하기도 한다.

　예를 들어, 우리의 앞에 갑자기 개 한 마리가 나타났다고 하자. 앞에 개가 나타나면(사건/자극), 어떤 사람은 기뻐하고 또 어떤 사람은 두려워할 수 있다. 왜냐하면 첫 번째 사람의 여과 과정에는 개와의 긍정적 연관성이 들어 있고(개는 사랑스러움), 두 번째 사람의 여과 과정에는 개는 위험하다는 부정적 신념이 들어 있기 때문이다.

　이렇게 여과 과정을 탐색하면 우리 자신을 더 잘 이해하고, 일부 신념도 수정할 수 있다. 그리고 그 신념을 수정함으로써 외부 사건으로 인해 발생하는 감정도 바꿀 수 있다.

　어쨌든 감정의 출현은 첫 번째 과정에 불과하다. 많은 사람은 감정 자체가 개를 피하는 것과 같은 필연적 반응(즉각적이고 무의식적인 행동)을 일으킨다고 생각하지만, 그 역시도 사실이 아니다. 우리는 감정과 대응 사이에 어떤 공간을 끌어들일 수 있다. 이 공간은 우리에게 감정에 대해 의문을 제기하고 적절하게 조절해서 대응을 더 잘 통제할 수 있게 도와준다.

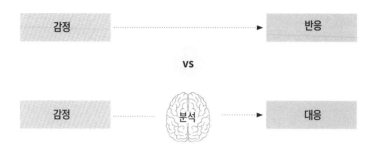

이런 식으로 우리는 감정적 반응에서 합리적 대응으로 이동한다. 이것이 우리의 삶과 정신 상태에 미치는 영향은 엄청날 것이다.

우리는 이 숙고의 공간을 어떻게 끌어들일 수 있을까? 그러기 위해서는 우리의 감정과 느낌에 계속 주의를 기울여야 한다. 이것이 바로 스토아주의자들이 말한 '프로소케prosoche(몰입)'이다.

> 당신의 인식을 꾸준히 감시하라.
> 왜냐하면 당신은 존중과 가치, 절제, 평온처럼
> 무시할 수 없는 것들을 지키고 있기 때문이다.
> 한마디로 당신의 자유를 보호하고 있어서이다.
>
> • 에픽테토스

우리는 주의를 기울임으로써 이 공간을 인식하기 시작하고, 각 느낌에 대해 질문할 기회도 얻게 되며, 이러한 방식으로 대응 방법을 수정할 수 있다.

예를 들어, 많은 사람은 불안감이나 또 다른 유형의 정서적 고통이 생기면 음식을 찾는다. 그럴 때 반복하는 행동은 더 강화되고, 시간이 지남에 따라 이 반응은 자동화된다. 이렇게 먹어야 한다고 부추기는 감정 앞에서 이 '스토아적 멈춤'을 시도해보려고 노력해보면, 무의식적 과정을 의식적 과정으로 바꿀 수 있다. 이것은 자동적 반응에서 합리적 대응으로 이동하는 정서적 기아를 다루는 새로운 전략을 개발할 기회이다.

다른 기술들과 마찬가지로 이런 주의력을 발달시키려면 연습이 필요하다. 각 감정의 출발점을 자주 감시하고, 그것으로 인해 나타나는 신체 변화나 감각에 주목해야 한다. 이렇게 그것들의 출현을 감지해야 제시간에 스토아적 멈춤을 달성할 수 있다.

이런 느낌들은 힘이 세졌을 때보다
아직 힘이 적을 때 통제하기가 더 쉽다.

• 세네카

우리는 이 책에 있는 기술들을 연습함으로써 반응에서 자극을 분리하는 능력을 키우게 될 것이다. 또한 특정한 일부 정보에만 주의를 기울여 감정을 유발하는 정신적 여과^{mental filter}와 자동적 사고를 이해하고, 무의식적 반응을 피하게 될 것이다. 스토아학파가 말한 것처럼, 충동 때문에 이쪽저쪽으로 흔들리는 노예가 되는 일을 멈출 것이다.

요컨대 스토아주의는 우리 생각들을 숙고하게 하고, 우리 자신을 더 잘 인식하도록 도와준다. 하지만 이러한 인식은 첫 번째 단계일 뿐이다. 우리의 자동적 사고와 그것이 불러오는 감정을 확인한 후에는 그걸 변화시키는 능력을 계발해야 한다. 이를 위해 스토아학파는 다양한 기술들을 개발했다. 우리는 이것들을 차차 검토해나갈 것이다.

우선, 실제 진행 과정이 항상 그렇게 선형적이지는 않다는 점을 분명히 해야 할 것 같다. 감정과 사고 및 행동은 지속적 피드백을 서로에게 해준다. 사실상 초기 자극은 꼭 외부적 요소가 아닐 수도 있고, 오히려 감정을 일으키는 자기 생각일 수도 있다. 실용적인 관점에서 중요한 점은 우리가 과정 중 여러 단계에 개입해서 마음의 평화(아타락시아)를 더 많이 얻고, 우리의 결정을 개선할 수 있다는 사실도 이해하는 것이다.

10가지 감정 다스리는 법

자기 자신의 주인이 아닌 사람은

자유도 없다.

• 에픽테토스

제국을 통치하고 싶은가?

자신을 다스리는 것부터 시작하라.

• 푸블릴리우스 시루스

가장 강한 사람은

자기 자신을 다스리는 사람이다.

• 세네카

우리 조상들은 위협에 둘러싸여 살았기 때문에 즉각적 반응을 보여야 할 때가 많았다. 즉, 싸우거나 도망가야 했다.

그러나 이런 자동적 반응들은 안전한 현대 사회에서 비생산적인 경우가 많다. 우선, 자동적 반응은 우리의 눈을 멀게 하고 일을 그르치게 한다. 또한 우리를 자극하거나 단점이 드러나게 하기에 쉽게 악용될 수 있다.

이런 이유로 스토아학파는 이런 첫 번째 인식에 의문을 제기하면서 우리 감정을 믿지 말라고 조언했다. 뭔가가 기분 좋게 해준다고 해서, 그것이 우리에게 좋은 것이라는 뜻은 아니다. 또 두려워하는 것이 있다고 해서, 그것으로부터 도망가야 한다는 뜻도 아니다. 궁극적 목표는 우리의 감정이 아닌, 원칙에 따라 행동하는 것이다.

어떤 사람들은 이런 정서적 통제를 냉담함으로 해석하고, 그것이 다른 사람과 멀어지게 하는 요인이 될 수 있다고 생각한다. 하지만 이것은 우리가 현실에서 멀어지게 하지는 않는다. 오히려 우리의 관계를 망치는 것은 바로 비이성적 분노와 오해로 생긴 시기심, 부당한 질투 등 왜곡된 감정이다. 우리 자신과 사이가 좋아야 다른 사람과도 좋은 관계를 맺을 수 있다.

즉, 모든 감정 뒤에는 우리가 주의를 기울여야 할 유효한 메시지인 교훈이 있다는 걸 명심해야 한다. 따라서 스토아학파는 감정을 억누르는 것이 아니라, 과잉 반응 없이 침착하게 감정을 조사해나가라고 강조한다.

예를 들어, 두 사람이 똑같이 배가 고파도 매우 다른 혼잣말이 나올 수 있다.

✤ 배고파 죽겠어! 지금 당장 먹어야 해!
✤ 배가 고프지만 참을 수 있어. 먹고 싶지만, 난 저녁까지 두

어 시간은 버틸 수 있어.

당신은 둘 중 누가 식사 계획을 지킬 거라고 생각하는가?

스토아주의의 목표 중 하나는 우리 생각이 인식을 왜곡하여 고통을 만들 수 있다는 걸 이해하는 것이다.

세상은 당신의 감정에 영향을 받지 않고, 당신의 행동에만 반응한다는 사실을 잊지 말자. 그리고 왜곡된 감정에 따라 행동한다면, 예상과는 다른 결과들이 나올 것이다.

감정, 특히 스토아학파가 '정념情念'이라고 말하는 감정을 제대로 조절하는 것은 명확한 사고를 하거나 합리적으로 행동하는 데 꼭 필요하다.

또한 감정은 에너지의 원천이다. 우리는 이 에너지를 이리저리 떠다니게 하지 않고, 생산적인 작업에 집중시키길 원한다.

이를 이루기 위해서는 우리의 신념과 해석을 조정하고, 우리의 감정과 싸우는 법을 배워야 한다. 앞으로 우리는 고통을 유발하고 종종 목표로 가는 길을 가로막는 일부 감정을 빠르게 검토해나갈 것이다. 그리고 스토아학파의 조언에 따라 그런 감정을 처리하는 방법도 배울 것이다. 더불어 인지행동요법에서 가져온 현대 기술도 자세히 설명할 것이다.

당신의 내적 요새

우리의 마음보다 더 평화로운 은신처는 없다.

• 마르쿠스 아우렐리우스

고대 로마의 상류 계급에서는 은퇴하고 전원생활을 하는 일이 빈번했다. 마르쿠스 아우렐리우스도 이런 생활을 했지만, 점점 그런 생활을 즐길 시간이 줄어들었다. 수십년간 수많은 야만인이 나라를 침략했기 때문이다.

하지만 마르쿠스 아우렐리우스는 그런 자기 운명에 대해 불평하지 않았다. 그는 평온한 마음이 최고의 피난처임을 떠올렸다. 그는 이 내적 피난처를 '내적 요새'라고 불렀는데, 이곳은 두려움이나 분노처럼 우리의 객관적 시야를 흐리게 하는 외부의 폭풍이 침범하지 못하는 곳이다. 즉, 밖에서 무슨 일이 일어나도 잠잠하게 있을 수 있는 마음속이다.

여행하면서 세상을 알고 싶어 하는 사람은 많지만, 정작자기 마음을 멈추고 탐색할 능력을 갖춘 사람은 많지 않다.

여기에서는 스토아학파가 특별한 관심을 기울였던 감정에 대해 빠르게 살펴볼 것이다. 그리고 그 감정을 다룰 방법 중 일부를 간추려볼 것이다. 그들은 이 과정을 '테라페이아therapeia(그리스어로 '의학적으로 돕다' 혹은 '병을 고치다'라는 의미)'라고 불렀다. 일종의 정서적 치료이다. 이 치료의 목적은 변덕과 불안, 두려움, 분노 또는 슬픔으로 동요된 마음을 진정시키는 것이다.

두려움

우리를 해치는 것보다 우리를 두렵게 하는 것들이 더 많다.
우리는 현실보다 상상에 의해 더 많은 고통을 받는다.

• 세네카

우리는 스토아적 실천이 부족해서
항상 걱정을 만들어내고
벌어진 상황이 실제보다 더 나쁘다고 상상한다.

• 에픽테토스

다른 감정과 마찬가지로 두려움은 잠재적 위험에서 우리를 보호한다. 예를 들어, 우리가 어두움을 두려워하는 이유는 그것이 우리 생명을 위험에 빠뜨리기 때문이다. 또한 사회적으로 거부당하는 것도 두려워하는데, 홀로 있는 외로움이 치명적일 때가 많기 때문이다.

하지만 안전한 현대 사회에서 우리의 두려움은 대개 과장되거나 근거가 없다. 쓸모가 없을 뿐만 아니라, 우리의 꿈에서 멀어지게 한다. 우리의 뇌는 여전히 두려움이 우리를 보호하고 있다고 생각하지만, 두려움은 많은 경우 우리를 정체시킨다. 예를 들어, 우리는 실패에 대한 두려움 때문에 첫걸음을 내딛지 못한다. 우리가 두려워하는 대상을 피하면 단기적으로는 긴장감이 줄지만, 시간이 지남에 따라 대처 능력이 부족해지고, 그 결과 두려움이 증가하면서 행동 능력도 제한된다.

이런 이유로 스토아주의의 우선순위는 두려움 극복이었다. 실제로 용기를 네 가지 주요 미덕 중 하나로 간주했다.

각각의 두려움에 대해 다음 절차를 따르길 제안한다.

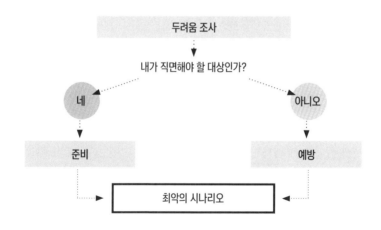

01 — 두려움을 조사하고 정의하기

항상 그렇듯이 첫 번째 단계는 그 감정을 조사해서 원인을 찾아내는 것이다. 우리가 정말로 두려워하는 것은 무엇인가? 두려움은 우리가 모르는 것에 대한 반응일 때가 많다. 두려움을 줄이는 가장 좋은 방법은 그걸 명백하게 밝히는 것이다. 우리가 불을 켤 때까지는 어두움을 두려워할 수밖에 없다.

스토아학파는 가면의 비유를 들었다. 우리는 갑자기 가면을 쓴 사람을 보면, 가면 뒤에 괴물이 아닌 사람이 있다는 걸 확인하기 전까지는 계속 두려워한다. 이같이 세네카의 말에 따르면 "우리는 사람뿐만 아니라 모든 것에서 가면을 벗겨야 한다. 그러면 그것들의 실체를 보게 될 것이다." 이렇게 하면, "두려움 자체 외에는 우리가 두려워해야 할 것이 없다는 사실을 깨닫게 될 것이다."

이 가면을 벗기는 첫 번째 단계는 우리가 두려워하는 대상을 객관적인 방법과 인지 거리cognitive distance 라는 기술(제5장에서 자세히 다룸)로 설명하는 것이다.

우리가 두려워하는 걸 정의하면 추상적 두려움을 구체적 위험으로 바꿀 수 있으며, 또한 이것을 평가하고 많은 경우 줄일 수 있다.

우리는 그저 조사하지 않기 때문에 많은 걸 두려워한다.
우리는 가축 떼가 움직일 때 이는 먼지를 보거나

제2장 명확한 시각화

적이 퍼뜨린 거짓 소문에 놀라서
달아나는 겁에 질린 병사처럼 떨고 피한다.

• 세네카

또한 우리는 실제 위험을 평가해보아야 한다. 우리가 두려워하는 일이 진짜로 일어날 가능성은 어느 정도일까? 두려움을 합리적으로 평가해보면, 그 강도를 조절할 수 있다.

예를 들어, 비행기가 다른 교통수단보다 훨씬 안전하지만, 비행기(스스로 통제할 수 없는 상황)를 탈 때에는 자동차(스스로 더 많이 통제할 수 있는 상황)를 탈 때보다 더 많이 두렵다. 또한 다른 사람에게서 공격당하는 걸 그 어떤 사망 원인보다도 훨씬 더 두려워한다. 하지만 실제로는 타인의 공격보다는 생활 습관으로 인한 질병으로 사망하는 경우가 더 많다. 따라서 집에 최신 보안 시스템을 설치하는 것보다 식단을 개선하고 운동을 하는 것이 사망 위험을 더욱 줄일 수 있다.

두려움을 분석해서 그것이 더욱 분명해지면, 그 원인의 본질을 평가해야 한다. 간단히 말해서, 두려움을 일으키는 원인은 다음과 같은 두 가지이다.

✦ 정말 피하고 싶은 것. 예를 들어, 다치거나 새로운 사업이 실패하는 사태를 두려워할 수 있다. 이런 경우에는 이런 두려움을 이용해 예방 조처를 마련해야 한다.

✦ 해야 할 것. 이런 경우 두려움을 피하는 건 자신을 더 작게 만들 뿐이다. 예를 들어, 훈련이나 배고픔에 따른 불편함, 집단에서 튀는 사람이 되는 것 또는 대중 앞에서 말하는 걸 두려워할 수 있다. 이럴 때 회피는 좋은 선택이 아니다. 오히려 행동할 준비를 해야 한다.

02 ─ 예방

정말 피해야 할 상황에 대한 두려움이 있다면 그에 대한 예방 전략을 선택해야 한다. 위험을 피하거나, 적어도 위험의 소지를 줄이기 위해 무엇을 할 수 있을까?

이 책의 목표는 변화에 대한 전략을 세우고, 원하는 바를 달성하는 데 도움이 되는 다양한 도구와 기술을 제공하는 것이다.

연구하고, 분석하고, 당신이 하고자 하는 일을 해본 사람들과 이야기를 나누고 또 조언도 구하라.

요컨대 가능하면 두려움을 바람직하지 않은 결과에 대한 경고의 도구로 이용하라. 두려움을 줄이기 위해 적절한 조처를 하면 두려움은 더이상 어떤 기능도 수행하지 않는다.

03 ─ 준비

우리의 두려움은 실제적 위협으로 나타나지 않을 때가 많다. 그러니 그것들에서 도망치면 우리의 목표에서 벗어나게 될 뿐이다. 이 경우 우리가 할 수 있는 유일한 선택은 그 두려움과 직면하는 것이다.

스토아학파는 두려움이란 대개 낯선 경우에 많이 생긴다고 주장했다. 우리는 잘 모르는 것들 앞에서 위축된다. 또 세네카가 말했듯이 무지는 종종 두려움의 원인이 된다.

따라서 뭔가에 대해 배운다면 두려움도 줄어든다. 우리는 그것들이 실제보다 더 어렵다고 생각하기에 해야 할 일에서 도망치게 된다.

무지로 인한 두려움이라면, 경험이 그 두려움을 줄여줄 것이다. 반복되는 행동만이 그 두려움을 없애는 치료법이다.

> 그 일들이 어려워 보여서 감행하지 못하는 게 아니다.
> 감행하지 않기 때문에 어려워 보이는 것이다.
>
> • 세네카

처음에 뭔가가 우리를 두렵게 할 때, 그것들을 자주 접하면 그 두려움은 힘을 잃는다.

가장 효과적인 심리 치료 방법은 그 두려움을 인식하고 점진적으로 노출시킴으로써 그걸 극복하는 것이다. 그럼으로써 두려운 대상을 익숙한 대상으로 바꾸는 것이다. 예를 들어, 만일 개 공포증이 있는 사람이 두려움을 줄이는 가장 좋은 방법은 점차 개에 노출되는 것이다. 시간이 지남에 따라 당신의 머리는 개가 상상한 것만큼 끔찍하지는 않다는 사실을 깨닫게 될 것이다.

그리고 몸을 단련하려고 할 때, 많은 사람이 변화를 두려워한다. 그들은 운동하지 못하거나, 조금이라도 배고픈 건 싫다. 하지만 두려워하는 것에 대해서 점차 알게 되고, 거기에 노출되면 두려움은 줄어들고 동기가 증가한다.

여기서 중요한 점이 있다. 노출될 때마다 두려움이 줄어들지만, 이때 적절한 분량을 정해야 한다. 너무 많이 노출되면 곧바로 두려움이 강화될 수도 있기 때문이다.

04 ─ 최악의 시나리오 및 복구

역설적으로 두려움을 명확하게 시각화하면 두려움을 줄일 수 있다. 이를 위해 스토아학파는 최악의 두려움이 실현될 것이라고 상상하는 '불행에 대한 사전 숙고praemeditatio malorum'라는 기술을 제안했다.

이것은 다양한 이점이 있는 강력한 기술로, 제5장 '스토아적 무기' 부분에서 자세히 설명할 것이다. 사전 숙고는 두려움을 거리를 두고서 보도록 가르침으로써 두려움에 대한 놀라운 요소를 제거해준다. 최악의 결과에 익숙해지면 상상력이 종종 현실을 과장한다는 걸 깨닫게 된다. 얼마나 많은 사람이 최악의 시나리오를 겪고 또 극복했을까? 분명 아주 많다. 그리고 그들이 극복했다면, 당신도 할 수 있다. 우리는 생각보다 훨씬 강하다. 최악의 두려움을 극복하는 자신의 모습을 시각화하면 두려움을 줄일 수 있다.

두려움 앞에서 도전적인 자세를 취하라. "만일 벌어진다면…?"이라는 질문을 "그렇다면 어떻게 될까?"로 바꿔라. 우리를 두렵게 하는 것은 대개 생각만큼 나쁘지는 않다. 따라서 시험에서 떨어지면 어떻게 될까, 애인이 떠나면 어떻게 될까, 프로젝트가 실패하면 어떻게 될까? 물론 안 좋은 시간을 보내겠지만, 당신은 분명 극복할 것이다.

요컨대 이것은 나쁜 일이 일어나지 않을 거라고 생각하는 맹목적 낙관주의를 선택하라는 게 아니다. 벌어진 일을 처리할 수 있는 능력을 신뢰하라는 것이다.

즉, 한편으로 두려워하는 결과가 정말로 그렇게 나쁜지를 생각해보고, 다른 한편으로는 최악의 결과를 처리할 수 있는 자신의 능력을 생각해야 한다. 만일 그럴 수 없다면, 당신이 존경할 만한 사람이 이런 상황에 어떻게 대처할지를 생각해보라. 여기에는 나중에 살펴볼 '현자의 관찰'이라는 기법을 적용해보라.

05 ─ 두려움을 느끼고 옳은 일을 하라

마지막 스토아적 조언이 가장 중요하다. 즉, '바로 행동하기'이다. 용기는 두려움이 없는 것이 아니라, 두려워도 그걸 올바르게 하는 것임을 기억하라.

실제로 행동은 두려움에 대한 해독제이다. 행동은 불확실성을 줄이고 미래의 마음을 현재로 당겨온다. 당신이 통제할 수 있는 것에 마음을 쏟으면 불안감이 줄어든다.

당신의 비전이 더 분명하고 영감을 많이 준다면, 두려움에서 영향을 덜 받을 것이다. 마비나 동기 부족은 종종 비전이 부족함을 반영한다. 따라서 이 비전을 세우는 방법에 관해 잠시 이야기할 것이다.

두려운 일을 잘 해내면 어떤 이점이 생기는지 자신에게 물어보라. 그리고 아무것도 하지 않을 때 얼마나 많은 비용을 지불해야 하는지도 자문해보라.

많은 사람은 실패의 위험을 겪기보다 만족스럽지는 않아도 안전한 삶을 살기를 원한다. 그러나 종종 아무것도 하지 않는 것이 가장 위험할 수도 있다. 또 세네카가 말했듯이 "불운에 대한 두려움은 우리의 행운을 악화시킨다." 왜냐하면 그것은 우리를 마비시키고 정체시키기 때문이다.

만일 행동했는데 그 결과가 좋으면 이익을 얻을 것이다. 만일 행동했는데 그 결과가 나쁘면 실패에 따른 비용을 내야 하지만, 동시에 배움도 얻을 것이다. 하지만 행동하지 않으면 아무것도 이루지 못하거나, 아무것도 배우지 못한다. 심지어 "만약 그랬다면 어땠을까?"라는 후회마저 하게 되리라.

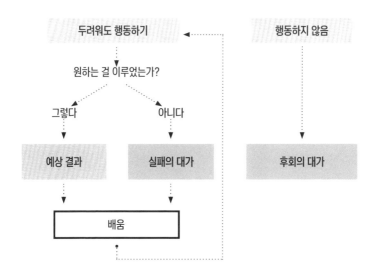

장기적으로 후회의 대가는 실패의 대가보다 클 때가 많다. 또한 실패는 영구적이지 않다. 각 시도에서 얻은 배움은 다음번에 성공할 가능성을 높인다. 실패에서 배우면, 그것이 실패를 성공으로 바꾼다.

실제로 스토아학파에 따르면 그릇되게 행동하는 것보다 더 큰 실패는 없고, 그 밖에 모든 건 중립적이다. 최선을 다했다면, 결과와 관계없이 행복해야 한다.

스토아학파에 따르면, 재앙이 될 수 있는 위험에 대한 노출은 최소화해야 한다. 즉, 빈번하지만 통제된 위험에 자신을 노출시켜야 한다. 이것은 두려움을 극복하고 성장하는 데 도움이 되지만, 이 모험의 결과가 예상대로 나오지 않더라도 당신이 영원히 약해지는 건 아니다.

불안

오늘 나는 불안에서 벗어났다.
아니, 정확히 말하면 그걸 버렸다.
왜냐하면 그것은 내 안에, 내 인식 속에 있지,
외부적 요인이 아니기 때문이다.

• 마르쿠스 아우렐리우스

불안은 두려움에서 비롯된다. 물론 어느 정도의 불안이 꼭 나쁜 것만은 아니다. 두려움과 마찬가지로 불안도 우리가 조금 더 주의를 기울이거나 잠재적 위험을 식별하는 데 도움이 되기 때문이다. 하지만 특정 한계를 넘어서는 불안은 우리를 막아서고 그릇된 행동을 하게 할 뿐만 아니라, 정서적 고통의 원인이 될 수도 있다.

마르쿠스 아우렐리우스가 말했듯이 사실 불안은 외부적 요인이 아니라 우리가 스스로 만들어낸 것이다. 따라서 우리가 그걸 만들 수 있다면, 제거할 수도 있다. 스토아학파에 따르면, 불안은 우리의 힘으로 어쩔 수 없는 걸 통제하려고 시도하기에 생겨난다.

예를 들어, 많은 사람은 미래에 일어날 수 있는 일에 대해 불안해하면서 잠재적 피해까지 예상한다. 일반적으로 불안의 또 다른 원인은 타인의 의견에 따른 걱정이다. 이제 이 두 경우를 모두 살펴보자.

01 — 미래에 대한 불안

필요한 때보다 먼저 상처를 입는 사람은
필요 이상으로 상처를 입는다.

• 세네카

종종 우리는 생각을 현재에 집중하지 않고 미래에 투영하기에 고통을 받는다. 두려움과 마찬가지로 불안은 예방 조처에 도움이 될 수 있다. 그리고 일단 이런 조처를 하면 불안은 더이상 아무 도움이 되지 않는다.

예를 들어, 중요한 발표를 앞두면 걱정을 할 수 있다. 이런 불안은 이 중요한 행사를 위해 최선을 다하고 잘 준비하도록 동기를 부여한다. 그리고 이미 최선을 다해 모든 일을 준비하고 있다면, 불안이 그칠 수도 있다. 따라서 일이 잘못될 것이라든가 할 수 없는 일이라고 생각하지 말라. 대신 그런 걱정에 쏟을 정신적 에너지를 지금 준비하는 일에 쏟으라.

미리 불행해지지 말라.
당신이 두려워하는 많은 불행한 일은
어쩌면 절대 오지 않을 거고,
분명히 아직 오지 않았다.
이런 이유로 어떤 상황은
실제보다 우리를 더 많이 괴롭히고,
또 어떤 상황은 실제보다 더 먼저 괴롭힌다.
그리고 어떤 일은 절대 우리를 괴롭히지 않을 건데,
이는 그 일이 절대 일어나지 않을 것이기 때문이다.
다시 말하면, 우리는 고통을
증가시키거나 예상하거나 상상한다.

• 세네카

세네카는 우리가 미리 고통을 받기 때문에 고통을 두 번씩 겪을 뿐만 아니라, 내일에 대한 두려움으로 오늘을 파괴하고 있다고 자주 강조했다. 미래에 생길 수 있는 고통은 지금 여기에 없으므로, 우리 머릿속으로 만들어내지 않으면 느낄 수가 없다.

그렇다면 우리가 직장에서 발표할 때 왜 불안이 지속될까? 그것은 우리가 만드는 다음과 같은 자동적 사고 때문이다. "제대로 발표하지 못하면 어쩌지? 그래서 해고되면 어쩌지? 그래서 집세를 내지 못하면 어쩌지? 만일…?" 불안을 완화하기 위해서 이런 생각들을 현실에 더 잘 적용하고, 이런 생각들과 맞서 싸우는 방법을 간단히 살펴볼 것이다.

이 불안에 맞서 싸우는 또 다른 방법은 우리 앞에 있는 행동에 초점을 맞추고, 마음을 현재로 가져오는 것이다.

> 인간의 가장 큰 축복 중 하나인 미래를
> 상상하는 능력은 종종 저주로 변한다.
> 야생 동물은 사람을 보면 위험을 감지하고서 달아나고,
> 사람들이 사라지면 걱정을 멈춘다.
> 하지만 인간은 과거와 미래로 인해 고통을 받는다.
> 현재에 집중하는 사람은 불행하지 않을 것이다.
>
> • 세네카

스토아학파는 당신이 불안할 때 그 순간의 그 문제가 진짜인지 아닌지 의문을 가지라고 조언한다. 당신이 신체적 고통을 겪지 않는 한, 그 문제는 당신의 진짜 문제가 아닐 가능성이 크다. 현재 순간에 초점을 맞추면, 미래의 불확실한 사건에 대한 예상이 줄어

들면서 불안도 줄어든다. 이것이 바로 명상의 이점 중 하나이다.

02 — 타인의 의견에 따른 불안

> 다른 사람의 의견에 대해 생각하느라 시간을 낭비하지 말라.
> 정작 그대의 일에서 멀어지기 때문이다.
>
> • 마르쿠스 아우렐리우스

우리의 불안 중 일부는 타인의 의견에 대해서 신경을 쓰기 때문에 생긴다. 우리는 대부분 작은 집단을 이루며 발전해왔기 때문에 우리의 비교의 틀은 주변 사람들이었다. 따라서 우리에 대한 타인의 의견은 우리 삶에 큰 영향을 미쳤고, 그렇게 우리는 끊임없이 타인의 승인을 구하며 살아왔다.

하지만 오늘날 우리는 수많은 사람에 둘러싸여 살고 있다. 그들의 의견은 실제로 우리에게 영향을 끼치지 않는다. 하지만 우리는 그들과 어울리지 못할까봐 괴로워한다. 소셜미디어SNS가 이런 영향을 확대하고 있다. 예를 들어, 우리는 낯선 사람의 댓글을 받고 모든 사람과 비교할 수 있도록 이곳에서 자신을 노출한다. 우리는 항상 우리를 비판하는 사람들이나 우리 기준에서 우리보다 더 낫다고 생각하는 사람들을 만나게 될 것이다.

스토아학파는 항상 그렇듯이 우리의 통제 영역에 초점을 맞춘다. 타인의 의견은 우리의 통제 밖에 있다. 우리가 할 수 있는 일은 오로지 우리의 가치에 따라 행동하고, 우리 이전에 살았던 사람들과 우리를 비교하는 것뿐이다. 그리고 이렇게 하면 흥미롭게도 우리의 평판이 좋아질 것이다.

에픽테토스는 이와 관련해서 불안해하는 가수를 예로 들었다. 이 가수는 혼자 노래할 때는 잘하고 하프도 완벽하게 연주했지만, 무대에 오르기만 하면 목소리가 줄어들고 하프 연주도 엉망이었다.

그렇다면 이 가수는 왜 불안해하는 걸까? 지금 이 가수는 자신의 평판을 걱정하고 있다. 그저 노래를 잘 부르고 싶어서 부르는 게 아니라, 다른 사람들의 박수갈채까지 받길 원하기 때문이다. 이 사람의 잘못은 스스로 통제할 수 있는 유일한 일인 연주보다 그럴 수 없는 청중의 반응에 더 많은 가치를 부여하는 것이다.

> 자기 자신의 관객이 돼라. 자신만의 박수를 찾아라.
>
> • 세네카

에픽테토스에 따르면, 이 예술가는 음악이라는 예술에는 통달했지만, 삶의 예술에는 통달하지 못했다. 비판에 대한 두려움에서 벗어날 수 있게 해줄 유일한 방법인 지혜가 부족해서이다.

역설적으로 청중의 박수를 무시하면 불안감이 사라지고, 모든 에너지를 실제로 통제할 수 있는 영역인 연주에 집중할 수 있게 된다.

우리는 매 순간 무엇을 해야 할까?
우리 손에 있는 건 최고가 되게 하고,
나머지는 우리와 분리해야 한다.

• 에픽테토스

모든 외적 요소를 인정하는 것은 우리에게 힘이 된다. 그것은 비이성적 불안과 두려움에서 우리를 해방한다. 그것은 우리의 모든 관심과 에너지를 우리의 행동에만 쏟게 해준다.

분노

누군가가 당신을 모욕하거나 매도한다는 생각이 들 때,
그 느낌에 휩쓸리지 말라.
당신에게 상처를 주는 건 그들의 행동이 아니라,
당신의 판단임을 잊지 말라.

• 에픽테토스

해를 입지 않기로 선택하면, 그렇게 될 것이다.
해를 입었다고 느끼지 않으면, 해를 입지 않은 것이다.

• 마르쿠스 아우렐리우스

불안이 두려움 때문에 생긴다면, 분노는 우리가 원하지 않는 일이 생기거나 종종 다른 사람이 저지른 일 때문에 생긴다.

스토아학파가 보기에 분노는 가장 파괴적인 감정 중 하나다. 그러므로 스토아학파는 분노를 다스리는 데 중점을 두었다. 세네카는 이 감정을 위해 『분노에 대하여De Ira』라는 책까지 썼다. 여기에서 그는 분노를 '높은 대가를 치러야 하는 순간적 광기'라고 표현한다. 즉, "억제되지 않은 분노는 종종 분노가 유발하는 부상보다 더 해롭다", "분노는 붓는 대상보다 그걸 담고 있는 용기에 더 큰 피해를 줄 수 있는 산성 성분이다" 또는 "분노는 자유 낙하하는 돌과 같아서, 부딪히는 대상과 함께 부서질 것이다."

분노가 이토록 파괴적인 이유가 무엇일까? 그것은 우리의 눈을 흐리게 하고, 잘못했다고 느끼는 그 대상에 복수하려는 욕구를 동반하므로 그에 따른 결과가 비참할 수밖에 없기 때문이다.

대부분의 폭력 행위는 계획적이지 않다. 분노 때문에 충동적으로 일어난다. 꼭 극단적 상태가 아니더라도, 분노 때문에 충동적 반응을 보이면 직장을 잃거나 인간관계가 파괴될 수 있다.

따라서 만일 당신이 분노의 손에 휘둘린다면, 당신은 틀린 결정을 내리게 될 것이다. 그렇게 현재의 도발에 대응하다가 장기적 목표들을 희생하게 된다. 따라서 마음이 진정될 때까지는 하려던 일을 미루는 게 중요하다.

분노에 대한 최선의 조처는 대응을 미루는 것이다.
첫 시도는 힘들지만, 기다리다 보면 분노가 사그라들 것이다.

세네카

항상 그렇듯이 첫 번째 단계는 그 감정에서 자신을 분리하고, 현실을 객관적으로 조사하는 것이다. 즉, 정확히 무슨 일이 벌어졌는가? 정말로 우리가 피해를 보았는지, 아니면 우리가 마음속에서 실제 사건을 과장하고 있는 건 아닌지 제대로 평가해야 한다.

도로가 막히는 상황에서 누군가가 내 차 앞에 끼어들었는가? 계산대 앞의 줄이 너무 더디게 줄어드는가? 인스타그램 사진에 부정적 댓글이 달렸는가? 누군가가 당신에게 툴툴거리는가? 우리를 화나게 하는 것은 종종 이런 사소한 일들이다.

이럴 때는 먼저 상황을 잘 살펴보면서 충동적 대응을 삼가야 한다. 우리가 실제로 벌어진 외부적 요인에 의해서가 아니라, 그 사실에 대한 우리의 해석 때문에 결국 피해를 보게 된다는 사실을 잊지 말아야 한다. 우리는 사소한 불편함 때문에 온종일 정신을 놓고, 이상적 평정 상태에서 벗어난 채 시간을 보낸다.

세네카는 "분노는 종종 그 분노를 일으킨 일보다 분노로 인해 만들어진 피해가 더 오래 지속된다"고 말한다. 차가 밀리는데 누군가가 슬그머니 내 앞에 끼어들면 출근 시간이 30분 정도 지체될 것이다. 이런 일은 실제로 종종 겪는 피해이다. 하지만 이 일로 인해 치솟은 분노가 온종일 이어지는 경우도 많다. 이런 경우 그 고통의 주범은 외부의 원인이 아닌 바로 당신 자신이다.

스토아학파는 이런 작은 일들이 벌어질 때 관용tolerance의 수준을 높이라고 조언한다. 만일 그렇지 않으면 평생 자신이 처한 환경과 다른 사람의 행동으로 불리한 일이 벌어질 때마다 이렇게 분노할 거라고 경고한다.

스토아학파는 항상 분노를 품고 공격적으로 사는 사람들에게 특히 비판적이었다. 만일 특별히 불평할 게 없다면, 현재를 바꾸기 위해서라도 과거의 공격적 기억을 제거해야 한다. 마음의 평화(아타락시아)는 마음의 최적 상태다. 그러니 그 상태를 스스로 깨뜨리는 건 어리석은 일이다.

당신의 관점을 바꾸기 위해서 '조감도鳥瞰圖'와 '인지 거리' 기술을 사용할 수 있다. 이는 제5장 '스토아적 무기' 부분에서 다시 설명할 것이다.

마음을 진정시키는 또 다른 전략은 먼저 몸을 바꾸는 것이다. 스토아학파는 생리학과 심리학 사이의 관계를 알고 있었다. 특히 세네카는 겉으로 몸을 안정시킬 걸 권했다. 스토아학파는 내적 정신 상태가 외적 신체 상태에 그대로 드러난다는 걸 알았다. 따라서 예를 들어, 얼굴 근육을 이완시키고, 차분하게 호흡하고, 천천히 걸어보자.

스토아학파는 우리가 실제로 피해를 보았는지 분석하는 것 외에, 분노를 유발하는 사람들의 의도를 평가해보기를 권한다. 우리는 타인이 실수를 저지르거나 무능한 걸 볼 때마다 그의 그 행동들이 '악의적'이라고 여길 때가 많다. 결국 결과가 같더라도, 타인의 행동이 악의적이지 않고 거의 항상 우발적이라는 사실을 이해하면 분노가 줄어들 것이다.

사실, 많은 경우 이런 사람들에게는 나름대로 정당한 이유가 있다. 그리고 우리도 그들과 같은 상황에 있었다면 똑같이 행동했을지도 모른다. 에픽테토스가 말했듯이 "누군가의 동기도 모르면서 어떻게 잘못했는지 알 수 있을까?" 예를 들어, 내 차선에 끼어든 운전자는 위급한 병에 걸린 딸을 병원으로 데리고 가던 중일 수도 있다. 물론 그렇지 않을 수도 있지만, 적어도 그들의 행동에는 나름의 이유가 있을 수도 있다는 사실을 받아들이자. 따라서 그런 일이 당신과 상관없이 일어났을 수도 있다는 가능성을 받아들이면 분노가 줄어들 것이다. 그리고 다른 사람들이 당신을 화나게 한 것처럼, 당신도 모르는 사이에 다른 사람을 얼마나 많이 화나게 했을까? 타인의 실수를 받아주는 건 자신의 실수를 인정하는 것만큼이나 중요하다.

> 우리는 타인의 흠은 눈앞에 두고, 우리의 흠은 등 뒤에 둔다.
>
> • 세네카

분노를 줄이는 또 다른 방법은 다른 사람의 의견을 크게 신경 쓰지 않는 것이다.

짜증을 안 내고 싶은가?
필요 이상으로 꼬치꼬치 캐지 말라.
다른 사람들이 한 말에 관해서 물어보면
항상 더 화만 날 뿐이다.

· 세네카

오늘날에는 필요 이상으로 깊이 파고드는 것이 그 어느 때보다 쉬워졌다. 인스타그램에 남긴 댓글을 확인하다 보면, 좋지 않은 내용을 찾게 될 것이다. 만일 우리가 다른 사람의 말에 기분이 상하면, 기분 나쁜 삶을 살게 될 것이다. 이것은 다른 많은 영역에 대한 스토아주의의 전형적 반응이다. 만일 당신이 'X' 때문에 괴로워한다면, 당신의 삶도 괴로워질 것이다. 왜냐하면 'X'라는 일은 끝없이 일어나기 때문이다.

우리를 화나게 만든 사건이 생길 때마다 참지 않고 충동적으로 반응하면 더 큰 상처를 입을 것이다. 다시 말하지만, 분노 자체는 그걸 일으킨 원인보다 더 위험하다.

타인의 악은 당신이 허락하지 않는 한
당신 마음에 침투할 수 없다.
그러므로 자신의 분노 먼저 다스리는 게 가장 중요하고,
그다음에 그 원인을 다루어야 한다.

· 세네카

이것은 분노의 원인을 무시하자는 말이 아니다. 만일 직원이 일을 잘못하면, 그걸 고쳐줘야 한다. 그런데도 그의 행동이 개선되지 않으면, 해고하게 될 것이다. 하지만 그에게 화를 내면 분노가 커지고, 마음의 평화를 뺏길 뿐이다. 따라서 우리가 타인의 행동을 통제할 수 없다는 사실을 꼭 기억해야 한다.

어떤 경우에는 상대방의 행동이 우리에게 해를 입히려는 의도에서 이루어진 게 분명할 때가 있다. 이럴 때 가장 많이 분노하기 마련이지만, 이때가 바로 분노를 제어해야 할 가장 중요한 때이기도 하다.

그런 상황이 벌어졌을 때 화를 낸다고 개선되는 경우는 거의 없다. 그럴 때에는 오히려 이성적으로 사고하는 능력이 떨어진다. 화를 내는 것이 당신을 해치려는 사람들에게 힘을 실어주고, 그들이 당신 마음을 조종하도록 허용하는 셈이다. 따라서 누구에게도 그런 힘을 실어주지 말아야 한다. 그들이 당신을 쉽게 자극할 수 있다면, 당신을 통제하기도 쉬워진다.

> 당신을 화나게 할 수 있는 사람은
> 누구나 당신의 주인이 된다.
>
> • 에픽테토스

악의적인 공격을 당하면, 실제로 그 공격자에게 대응할 가치가 있는지 평가해보라. 종종 가장 좋은 반응은 무관심이다. 그런 사람들에게 무시는 종종 다른 사람을 공격함으로써 눈에 띄려는 사람인 그에게 최악의 처벌이다. 스토아학파가 말하는 유일한 악은 나쁜 행동임을 기억하라. 우리는 그런 도발에 걸려들지 말아야 한다.

> 그들이 우리에게 어떤 공격을 하는지보다,
> 우리가 그걸 어떻게 받아들이는지가 중요하다.
>
> • 세네카

다시 말하지만, 스토아학파에서 말하는 분리는 무관심이나 연약함을 뜻하는 게 아니다. 이것은 항상 합리적으로 행동하면서 침착함과 정신적 명료함을 유지하기 위한 전략이다.

만일 공격에 대응할 필요가 있다고 판단되면, 분노하지 말고 단호하게 행동하라. 또한 공정한 대우를 요구할 때는 당당하게 행동하라. 다른 사람이 당신의 행동을 통제하거나 차단하려고 한다면서 저항하라.

또한 침착하면서도 결단력 있게 행동하라. 도발 앞에서 정의롭게 반응하는 사람은 분노에 찬 사람보다 더 많은 힘을 드러낸다. 그들이 당신을 공격할 때, 그들이 하는 것처럼 대응하지 말고 당신에게 걸맞게 대응하라.

또한 당신은 분노의 힘을 건설적으로 활용할 수도 있다. 지금 화가 났는가? 체육관에 가서 열심히 운동해보라.

마지막으로 스토아학파는 실용적인 사람들이었기 때문에 어떤 상황에서의 분노는 유용한 도구가 될 수 있다는 걸 알았다. 협상에서 분노한 척하는 것은 도움이 될 수 있지만, 이것은 주의해서 사용해야 하는 무기이다. 가짜 분노가 진짜 분노로 이어질 수 있기 때문이다.

　요컨대 우리는 예상치 못한 일이 생기면 화를 낸다. 세네카에 따르면, "우리는 적들에게도 상처를 받아서는 안 된다고 생각한다." 우리는 세상이 우리가 원하는 걸 다 주지 않는다고 어린아이처럼 떼를 쓰면서도, 세상이 우리에게 준 모든 것들을 무시한다. 우리의 비현실적 기대는 종종 좌절과 분노의 원인이 되기도 한다. 따라서 우리가 통제할 수 있는 것에 집중하면 비합리적 분노의 폭발은 줄어들 것이다.

　우리는 평범한 일에 화를 내고, 다른 사람에게도 자주 일어나는 일들을 언급하면서 "그건 믿을 수 없어!"와 같은 가치 판단을 덧붙인다. 자주 일어나는 일들을 왜 이상하게 생각하는가? 마르쿠스 아우렐리우스가 말한 것처럼, 이런 태도는 무화과나무에서 무화과가 열리거나 아이들이 우는 걸 보고 놀라는 것과 마찬가지다. 그건 원래 그렇게 되는 일이지 않는가.

　마르쿠스 아우렐리우스는 그런 사람들의 의견에 반대했다. 그는 "일어나는 모든 일은 봄의 장미나 여름의 과일만큼이나 친숙하다" 또는 "악한 사람이 악한 행동을 하는 걸 보고 놀라는 것은 불가능한 걸 기대하는 우리 잘못이다"라고 생각했다. 보통 끊임없이 다른 사람을 공격하는 사람들의 삶은 불행하다. 그리고 마르쿠스 아우렐리우스는 그런 사람의 행동은 그 자체가 형벌이고, 우리 또한 거기에 끌려다니면 실수를 저지르게 될 뿐이라고 강조했다.

분노가 생길 때, 당신이 선택할 방법은 두 가지다. 1) 분노의 손에서 충동적으로 반응하거나, 2) 마음을 진정시키고 대응을 미룬 다음 가능한 방법들을 침착하게 평가한다.

> 받은 상처에 복수할 방법을 찾는 것보다
> 스스로 치유하는 게 훨씬 낫다.
> 복수하면 많은 시간이 낭비되고,
> 새로운 상처도 받게 된다.
>
> • 세네카

분노가 가라앉으면 이성적으로 대응하라. 하지만 가장 좋은 대응 수단은 없을 때가 많다는 걸 기억하라. 마르쿠스 아우렐리우스가 말했듯이, 최고의 복수는 당신을 공격하는 자들처럼 되지 않는 것이다.

수치심

성공과 실패, 고통과 즐거움, 부와 가난.
이 모든 건 선인과 악인 모두에게 일어나므로
자부심이나 수치심을 일으키지 않는다.

• 마르쿠스 아우렐리우스

대부분의 진화 과정에서 우리의 생존은 타인과의 협력 능력에 달려 있었다. 이타주의와 사회적 규범의 존중은 집단에서 우리의 지위를 높였고, 반대로 이기심과 집단의 약속에 대한 무관심은 우리의 지위를 낮췄다. 그리고 생존과 번식의 가능성은 우리의 지위에 큰 영향을 주었다. 그래서 우리의 뇌는 사회적 계층에서의 지위 변화에 매우 민감하다.

진화의 과정에서 수치심은 사회적 규범을 따르게 만들었고, 집단에 해를 끼칠 수 있는 이기적 행동을 제한했으며, 그 결과 우리의 지위를 손상한다.

만일 당신이 수치심을 느낀다면, 다른 것에 대해서와 마찬가지로 그 원인을 분석해야 한다. 하지 말아야 할 일을 했다면, 이런 감정이 드는 게 당연하다. 이 경우 수치심은 보통 죄책감이나 후회를 일으키는데, 앞으로 이 감정에 대해서도 다룰 것이다.

그러나 수치심 중 대부분은 상상 속에서 일어나는 위반에서 비롯된다. 예를 들어, 우리가 과체중이거나 돈이 부족하면 우리의 지위가 낮아질 거라고 생각하기에 수치심을 느낀다. 사실, 어떤 식으로든 우리가 다른 사람들과 다르다고 느끼면, 무의식적으로 우리가 부족들 간의 협약을 위반하고 있다고 믿게 되는 경우가 많고, 그 결과 수치심을 느낀다.

많은 사람이 자기 외모를 부끄러워하는데, 이는 자신이 생각하는 신체적 매력의 수준에 도달하지 못했다고 생각하기 때문이다. 따라서 우선 외모는 당신을 정의하지 않고, 당신이 누구인지를 말해주는 하나의 특징일 뿐임을 이해해야 한다. 물론 더 나아보이려는 노력은 좋은 일이지만, 타인의 생각 때문에 자신을 부끄러워하는 건 좋지 못하다. 당신의 가치가 외모에 달려 있지 않음을 이해하면서 있는 그대로의 모습을 받아들이고, 필요하다면 개선하려고 노력해야 한다. 외모를 가꾸면 분명 자신감을 더 얻겠지만, 그 과정은 결과만큼이나 중요하다. 그런 과정에서 신체의 장점과 매일 몸을 움직일 수 있다는 사실에 감사하라. 당신의 다리가 가장 매력적이지는 않더라도, 그 다리들은 아무런 불만 없이 당신을 어디든 데려다준다. 만일 자신의 몸에 감사하는 법을 배우면, 몸을 돌보려는 마음도 커진다. 이렇게 하기 위한 기술 중 하나는 '부정적 시각화Negative visualization'이다. 이것은 '스토아적 무기' 부분에서 자세히 설명할 것이다.

물론 당신의 소유물에 대해서도 마찬가지다. 스토아학파에 따르면, 당신의 사회적·경제적 지위는 중립적 요소이다. 당신의 가치는 당신의 행동에 의해 매겨진다. 따라서 유일한 수치심은 잘못된 일에서 비롯되어야 한다.

아이러니하게도 어떤 사람들은 옳은 일을 올바르게 하려는 시도를 부끄러워한다. 오늘날에는 나쁜 습관이 오히려 정상처럼 보이기 때문에 자기 건강을 걱정하지 않는 사람도 많다. 예를 들어, 코카콜라를 늘 마시고, 아침에 기름진 페이스트리 빵을 먹는 걸 정상으로 생각한다. 그래서 간헐적 단식을 하거나 초가공식품(식품 원재료를 먹기 편하게 가공한 기존 가공식품을 한 단계 더 가공한 식품)을 먹지 않는다고 말하면, 이상한 사람을 보듯 한다.

다행히도 스토아학파는 순응conformity을 경멸했다. 그들은 모든 행동이 사회적 합의가 아닌, 미덕을 따라야 한다고 주장했다. 그들은 많은 사람이 추구하는 일에 의문을 제기하고, 진정으로 합당한 행동, 즉 잘하거나 합리적으로 행동하는 것에 가치를 두었다. 그들은 다른 사람들의 의견은 외부적 요인이므로 우리가 통제할 수 없고, 따라서 그걸 걱정할 필요도 없음을 다시 한 번 강조했다.

고대 로마의 정치가였던 카토Marcus Porcius Cato Uticensis는 스토아주의의 가장 좋은 모범으로 인정받았다. 하지만 그에 대한 기록이 거의 없어서 알려진 바가 많지는 않다. 『영웅전Parallel Lives』의 저자로 유명한 플루타르코스Lucius Mestrius Plutarchus는 카토에 대해 다음과 같이 기록했다. "카토는 보라색 겉옷이 유행이라는 걸 알게 되자 항상 검은색 옷을 입었다. 또한 종종 겉옷이나 신발 없이 아침에 외출하기도 했다. 그가 이렇게 하는 이유는 참신함을 자랑하려는 게 아니라, 정말 가치 있는 것들에만 부끄러워하는 데 익숙해지기 위해서다." 수치심이 조금 생겨도 나쁜 일은 일어나지 않는다는 걸 깨닫게 되면, 이 감정은 힘을 잃게 될 것이다. 이 수치심을 줄이기 위해서 스토아주의가 사용한 또 다른 전략은 자존감에 미치는 영향을 최소화하면서 자기의 실수를 비웃는 것이다.

만일 당신이 변화를 시도하면, 많은 사람의 비판을 받게 될 것이다. 다른 사람들과 비슷하게 행동하던 당신이 그걸 바꾸려 한다면, 다른 사람들은 당신의 그런 행동을 자신들에 대한 인신공격이나 현재 생활 방식에 대한 문제 제기로 해석할 것이다. 그리고 당신은 이러한 비판을 받으면 수치스러워하면서 변화를 향한 노력을 포기할 수도 있다. 따라서 이것에 관한 내용은 제4장 '훈련 견디기' 부분에서 자세히 다룰 것이다.

자책감

미래의 고통에 대한 두려움과
과거의 고통에 대한 기억이라는
두 가지 요소를 단번에 제거해야 한다.
후자는 더이상 영향을 미치지 않고,
전자는 아직은 영향을 미치지 않는다.

• 세네카

과거의 고통을 가져오는 게 무슨 의미가 있는가?

이전에 불행해서 지금도 불행한가?

• 세네카

미래를 걱정할 때 종종 불안한 것처럼, 과거의 사건을 떠올릴 때 종종 죄책감이 들기도 한다. 과거를 되돌아보는 건 도움이 된다. 예를 들어, 과거에서 미래를 개선하는 데 도움이 될 만한 교훈을 얻을 수 있기 때문이다.

과거에 일어났다가 멸망하는

변화무쌍한 제국들을 보면,

미래를 예측할 수 있을 것이다.

• 마르쿠스 아우렐리우스

실수들 속에서 교훈을 얻었다면, 이제 현재로 돌아가라. 과거의 일들을 계속 곱씹지 말라. 대신 현재에 집중하고, 당신이 가진 유일한 순간인 지금의 행동에 집중하라.

당신 뒤에 있는 뭔가에 걸려 넘어지지 말라.

• 세네카

만일 죄책감이나 자책감을 느낀다면, 그것은 당신이 잘하지 않았다(하지 말아야 했던 일을 했거나, 해야 했던 일을 하지 않았거나)는 단순한 신호일 수 있다. 예를 들어, 며칠간 다이어트나 운동 계획을 제대로 지키지 못했다면, 자신에게 실망할지도 모른다.

많은 사람이 이러한 감정이 생길 때, 좋지 못한 내적 대화("난 항상 모든 걸 망친다고!")와 비생산적인 자벌self-punishment로 반응하곤 한다.

하지만 두 전략 모두 틀렸다. 스토아학파는 과거의 실수를 자책하는 데 시간을 낭비하지 말라고 강조하면서, 이런 사실이 '당신이 한낱 인간일 뿐임'을 상기시켜줄 거라고 말한다. 자신의 실수를 용서하고, 그걸 통해 배워야 한다.

실제로 스토아학파는 우리 행동을 매일 반성함으로써 잘한 부분과 개선해야 할 부분을 정확하게 검토하라고 권유한다. 그러나 이 과정에 고통이나 처벌을 더 한다고 해서 더 효과적인 건 아니다.

다른 사람에게 한 나쁜 행동 후에 자책감이 밀려온다면, 그에 따른 영향을 줄이기 위해 할 수 있는 일을 생각해보라. 그리고 그 방법을 가급적 실천하라. 그렇지 않다면, 그 사람에게 용서를 구하라. 용서를 구하고, 계속 앞으로 나아가라. 스스로에게 벌을 주는 것은 전혀 도움이 되지 않는다.

슬픔

내가 지금 장례식에서 감정을 드러내지 말라고 하는 걸까?
물론 아니다. 죽은 지인들을 마치 살아 있는 양 바라보고,
가족이 떨어져나갈 때 마음이 흔들리지 않는 건
용감한 게 아니라 오히려 비겁한 일일 것이다.

• 세네카

스토아학파가 잘 알고 있었던 것처럼, 우리는 사회적 존재이기 때문에 가족의 죽음이나 감정적 단절에서 큰 영향을 받는다. 다시 말하는데, 많은 사람이 스토아주의에 대한 잘못된 이미지를 갖고 있다. 그런 힘든 사건을 겪은 사람에게 괴로워하지 말라고 말하는 건 잔인할 뿐만 아니라, 아무런 도움이 안 된다.

늘 그렇듯이 슬픔이 반드시 나쁜 것만은 아니다. 슬픔은 우리가 변화하거나 타인의 도움을 구하도록 동기를 부여할 수 있다. 자동적 반응으로 슬픔을 피할 수는 없지만, 그걸 길들이는 법은 배울 수 있다.

나는 절대 상실 앞에서 슬퍼하지 말라고 하지 않을 것이다.
하지만 필요 이상의 슬픔은 공허함만 남길 뿐이다.

• 세네카

오늘날에는 많은 병을 알약으로 치료하지만, 예전에는 철학으로 치료했다. 그래서 스토아학파에서는 소위 '위로의 편지들'이 눈에 띈다. 다른 철학 학파에서도 이런 편지가 흔했지만, 특히 스토아학파가 쓴 것이 인정을 받고 있다.

이 편지는 위로와 격려를 해줄 뿐만 아니라, 모든 종류의 상실과 고통을 줄이기 위한 설득력 있는 주장과 성찰하는 연습도 담고 있다.

이런 순간을 극복하기 위해서 오늘날 적용할 수 있는 몇 가지 주장을 검토해보면 도움이 될 것이다.

첫째, 고통의 유용성에 대해 성찰해보라. 초기에 경험하는 슬픔이 정상적인 감정임을 이해했지만, 어느 순간부터 우리의 자책감이 상실감보다 더 크면 큰 손해를 입을 수 있다.

눈물이 흐르도록 내버려두라.
하지만 또한 눈물이 멈추도록 내버려두라.

• 세네카

둘째, 우리가 가진 걸 강조하고, 잃어버린 것에 대해서는 덜 생각하면서 우리의 관점을 바꾸려고 노력하라. 누군가를 잃었는가? 그럼 그 사람이 당신과 함께하지 않았다면 당신의 삶이 얼마나 더 나빠졌을지 상상해보라. 그 관계가 끝났다는 슬픔보다는 그 관계가 존재했음에 감사해야 한다.

> 우리가 사랑하는 사람들의 일부는 여전히 우리와 함께 있다.
> 그 과거의 시간은 우리의 것이다.
>
> • 세네카

일반적으로 스토아학파는 우리 삶에 다가오는 모든 것은 우주에서 빌려온 것이니 언제라도 우주가 "되돌려 달라!"고 요구할 수 있는 것으로도 바라보라고 권했다. 그렇게 하면 가진 걸 더 많이 생각하고, 그걸 잃었을 때 덜 고통받게 된다.

> 당신이 자녀에게 입을 맞출 때,
> 죽을 운명에 처한 사람에게 입을 맞추고 있다는 걸 명심하라.
>
> • 에픽테토스

셋째, 우리에게 고통을 준 사람이 우리가 고통스러워하는 모습을 오랫동안 보고 싶어 할지를 자문해보라. 만일 대답이 '그렇다'라면(사악한 전 애인일 경우), 눈물을 흘릴 필요가 없다. 그리고 대답이 '아니오'라면, 그 추억을 존중하는 가장 좋은 방법은 고통을 멈추는 것이다. 고통은 우리에게나 상대에게나 전혀 도움이 안 된다.

> 슬픔을 준 사람보다 당신의 슬픔에 대해
> 덜 행복한 사람은 없다.

> 그 사람은 당신이 고통받기를 원치 않거나,
> 당신이 그걸 겪는다는 사실조차도 모른다.
> 그래서 당신의 감정은 아무 기능도 하지 않는다.
> 당신의 눈물은 아무에게도 도움이 되지 않아서
> 지속해봤자 소용없다.
>
> • 세네카

끝으로, 스토아학파는 비슷한 순간을 극복한 사람들의 많은 사례를 편지에 담았다. 다른 사람들도 같은 일을 겪었는데 마음을 잘 다스려서 극복했을 뿐만 아니라, 더 강해졌다는 사실을 아는 것이 도움이 되기 때문이다.

여러 자녀를 땅에 묻어야 했던 세네카와 마르쿠스 아우렐리우스는, 그 경험을 바탕으로 이야기를 전했다. 그들은 인간이 많은 종류의 비극에 맞서도록 훈련을 받았고, 철학은 여러 가지 전략으로 우리를 돕는다는 사실을 일깨웠다.

질투

> 타인과 같은 노력을 하지 않고는 결코
> 보상을 얻을 수 없음을 기억하라.
> 공정한 가격을 내지 않고도 뭔가를 얻을 수 있다고
> 생각하는 것은 합리적이지 않다.

무언가를 이룬 사람들은 당신보다 유리하지 않다.
그들은 그 대가를 치렀기 때문이다.
보상에 대한 대가를 지불하는 것 또한
항상 우리가 선택해야 할 일이다.

• 에픽테토스

모든 감정과 마찬가지로 질투심도 그걸 이용하는 방법을 안다면 긍정적으로 작용할 수 있다. 질투심은 당신이 원하는 것들과 존경하는 사람들에 대한 정보를 제공한다. 질투심이 적개심으로 이어지지 않는다면, 그것은 에너지의 원천이 될 수 있다.

스토아학파는 질투심에 대처하는 방법으로 어떤 조언을 했을까? 애초에 우리는 다른 사람의 겉모습만 보지, 그 뒷면을 보지는 않는다. 우리는 위대한 운동선수가 이룬 대중적 성공만 보고, 그들이 치른 희생, 즉 훈련 시간, 끊임없는 이동, 압박감, 여가의 포기에 대해서는 생각하지 않는다.

누군가의 몸이나 능력이 부럽다면, 반드시 그들이 그걸 얻기 위해 대가를 치렀다는 사실을 기억해야 한다. 당신도 기꺼이 그들이 했던 것과 같은 노력을 들이겠는가? 그렇다면 부러워하지 말고, 그 일을 시작하라. 그렇지 않다면, 당신은 현재 상황에 만족하기에 변화를 위한 노력을 하지 않고 있는 것이다. 에픽테토스가 말했듯이, 대가를 치르지 않고 보상을 기대하는 것은 어리석은 일이다.

물론 모든 사람이 자기가 이룬 성과에 대해 같은 대가를 치르는 건 아니다. 우리의 유전적·사회적·경제적 조건이 다르기 때문이다. 유전자나 태어난 가족은 우리가 통제할 수 있는 부분이 아니다. 누군가의 외부 요인이나 환경이 당신의 것보다 더 낫다는 사실을 유감스럽게 여기는 건, 당신에게 도움이 되지 않는다. 만일 상대방이 당신이 원하는 걸 쉽게 이루었다면, 절대 그걸 소중히 여기지 않을 거고, 그다지 행복하지도 않을 것이다.

당신이 개선할 수 있는 것이 무엇인지 생각하고, 최선을 다해 행동으로 옮겨라. 원하는 곳으로 가는 방법이 궁금하다면, 이미 그곳에 갔던 사람들에게 물어보라. 이렇게 당신의 질투를 감탄과 동기 부여 및 노력으로 바꿔라.

스토아학파는 부정적 질투를 극복하기 위해서 위를 덜 보고, 아래를 더 보라고 권유했다. 감사는 파괴적 질투에 대한 해독제이다.

> 우리는 앞에 있는 사람에겐 화를 내지만,
> 뒤에 있는 사람은 잊는다.
> 우리는 너무 많이 받았음에도, 더 받지 못해 애통해한다.
>
> • 세네카

감사는 질투를 줄여줄 뿐만 아니라 여러 부정적인 감정을 줄이는 데에도 효과적이다. 이것은 '스토아적 무기' 부분에서 보게 될 기술 중 하나이다.

마지막으로 스토아학파는 우리가 질투하는 많은 것들이 우리가 정말로 원하는 게 아니며, 단지 사회적 지위를 높이기 위해 그것들을 추구하려는 것일 뿐이지 않느냐고 경고한다. 최고 경영자가 되는 건 매력적으로 보이지만, 많은 최고 경영자들이 자기 직업과 삶을 싫어한다. 더 비싼 차를 몰면 자존감은 높아진다. 하지만 그 차의 유지비를 감당하려면 더 많은 일을 해야 한다. 그 결과 벌어질 일에 대한 두려움이 더 커진다.

> 우리는 이웃이 샀다는 이유로 얼마나 많은 물건을 사는가.
> • 세네카

욕망

> 자신이 원하는 대로 다 가질 수 있는 사람은 없다.
> 우리가 할 수 있는 건 갖지 않은 걸 원하지 않고,
> 가진 걸 기쁘게 즐기는 것이다.
> • 세네카

욕망은 양날의 검이다. 한편, 더 나아지려는 욕망은 우리의 행동에 동기를 부여하고, 삶의 목적을 이루게 한다. 하지만 다른 한편으로 통제되지 않은 욕망은 일을 그르치게 하고, 잘못된 결정

을 내리게 할 때도 많다.

　욕망을 조절하는 것은 목표를 달성하는 데 필수적이다. 그래서 '훈련 견디기' 부분에서 이 감정과 이것을 통제하기 위한 실제적 전략을 탐구할 것이다.

인지 왜곡(cognitive distortion)

당신은 많은 어려움을 처리해야 한다고 생각하지만,
사실은 가장 큰 어려움은 당신 안에 있다.
당신이 당신에게 가장 큰 장애물이다.

• 세네카

　우리에게 주로 문제를 일으키는 주요 감정을 빨리 검토하다 보면, 자주 반복되는 패턴을 파악할 수 있을 것이다. 스토아학파에 따르면, 문제의 원인은 외부 사건이 아니라, 해석과 내적 반응에 있다. 스토아학파는 항상 이런 첫 느낌에 대해 끊임없이 질문하면서 보다 생산적인 관점을 가지라고 조언했다.

　우리의 생각과 감정을 사실이 아닌 가설로 해석하는 능력은 아마도 세상을 명확하게 볼 수 있게 돕는 최고의 정신적 도구일 것이다. 처음에 받는 느낌에 대해 조사하고 질문해보면, 비이성적 행동을 피할 수 있으며, 그러한 느낌을 현실적으로 조정해나갈 수도 있다.

스토아주의의 시조인 안티스테네스^{Antisthenes}는, 철학에 대한 주요 학습은 자신과 대화하는 능력이라고 했다. 실제로 우리는 항상 자신과 무의식적으로 대화를 나눈다. 이러한 대부분의 인지 과정은 시간이 지나면서 자동화되기에 그것이 우리에게 어떤 영향을 미치는지 알지 못할 때가 많다.

인지행동치료는 스토아주의의 기본 원칙을 채택하지만, 과학적으로 더 엄격하다. 그들은 우리의 잘못된 결정 중 많은 부분이 왜곡된 감정과 우리가 고치려고 노력해야 하는 사고 오류들에서 비롯된다고 본다.

이런 치료는 인지적 왜곡을 다양한 범주로 분리해서 우리 생각을 쉽게 평가하도록 돕는다. 이런 왜곡 중 일부는 검토할 가치가 있다. 이것을 단순히 알기만 해도 식별하고 피하는 데 도움이 되기 때문이다. 이 책에서는 구체적 사례와 함께 가장 일반적인

01 감정적 추론	02 최악의 상황을 상상 (catastrophize)	03 지나친 일반화
04 흑백 사고	05 부정적 필터	06 긍정적 부분 제거
07 미래 추측	08 생각 해석	09 낙인
	10 당위적 사고 (~해야 해)	

열 가지를 선택했다. 이것들을 살펴보면서, 당신이 가장 자주 하는 사고의 실수를 생각해보라. 이런 인지 왜곡을 줄이는 것은 안경의 도수를 조정하는 것과 같다. 만일 세상이 흐릿하게 보이면 자주 넘어질 수밖에 없다. 따라서 생각을 바로잡으면 결정력이 향상된다.

01 — 감정적 추론

이것은 우리 감정이 실제 상황을 정확하게 반영한다고 추리하는 것이다. 예를 들어, "비행기를 타면 두려우므로, 비행기 여행은 위험하다", "공개적으로 말할 때 불안하므로, 발표를 할 수 없다", "내가 기분이 상한 걸 보니, 그들은 나를 공격한 게 틀림없다"고 추론하는 것이다.

이런 자동적 사고는 보상 반응compensatory response을 만들고, 또한 두려움이나 불안을 유발하는 모든 것에서 도망치게 만든다. 이런 회피 행동은 단기적으로는 불안감을 줄여줄지 모르지만, 삶의 여러 영역에서 우리를 제한한다.

다이어트를 할 때, 많은 사람이 배고픔을 신체 에너지가 필요하다는 신호로 해석한다. 허기는 의심할 여지 없이 생리적 요소지만, 감정적 요소이기도 하다.

02 — 최악의 상황 상상

이것은 우리에게 벌어지는 문제나 일의 중요성을 확대하여 해석하는 것이다. 한마디로 "침소봉대針小棒大, 즉 하찮은 일을 과장해서 떠들다"라는 뜻이다.

예를 들어, 먹지 않은 상태로 몇 시간 지나면 굶어 죽을 것 같다고 잘못 생각한다. 이런 경우 우리는 이 상황이 "정말 견딜 수 없는지?", 아니면 단순히 "조금 불편한지?" 자문해야 한다. 우리의 해석이 감정 그리고 궁극적으로 우리 행동을 결정한다.

우리는 뭔가를 버티기 힘들 때, '그것은 참을 수 없는 일'이라고 생각한다. 이로 인해 불편함이 커지고, 결국 포기하게 된다.

또한 상상할 수 있는 한에서 최악의 결과에 초점을 맞추고, 이렇게 될 가능성이 크다고 여기기 시작하면, 미래에도 같은 일이 벌어진다. 이런 왜곡된 생각은 두려워하던 일이 발생하면 이를 견딜 수 없을 것이라고 믿게 만든다.

03 ― 지나친 일반화

이것은 일부 특정 사건들이 전체를 대표한다고 가정하는 오류이다. 예를 들어, "왜 나에게는 온통 나쁜 일만 생길까?" 또는 "난 제대로 되는 일이 하나도 없어!"라고 생각하는 식이다.

"항상…", "절대…", "전부…" 또는 "아무도…"로 시작하는 범주형 문장을 사용할 때 이런 인지적 편견에 빠질 가능성이 크다.

예를 들어, 다이어트를 하는데, 배우자가 당신을 지지하지 않으면 다음과 같은 부정적인 생각을 할 수 있다. "나는 항상 포기하는 데 뭐", "아무도 나를 도와주지 않아." 이럴 때는 이런 잘못된 신념에 의문을 제기하고, 파괴적인 생각에 대응할 수 있는 과거의 증거를 찾아내야 한다. 언제 행동 계획을 달성했는가? 과거에 어떤 사람들이 당신을 도왔는가?

현실을 객관적으로 검토하면, 초기의 믿음이 잘못된 것임을 보여주는 많은 사례를 발견하게 되리라. 이로써 그런 초기의 감정을 조절할 수 있다.

04 ― 흑백 사고

이것은 이분법적 또는 '전부 또는 전무全無' 사고라고 부른다. 우리는 모든 걸 극단적으로 바라보는 경향이 있다. 즉, 성공 아니면 실패로 여긴다. 하지만 현실은 그것보다 더 복잡하고, 거의 모든 경우에 광범위한 회색 지대가 놓여 있다.

만일 당신이 다이어트 중인데 도넛을 먹었다면, 다이어트 계획을 지난 일주일 내내 잘 지켰어도 모두 망쳤다고 생각할 수 있다. 이렇게 이전에 했던 일을 모두 망쳤다고 가정하면, 동기 부여가 줄고 포기할 위험도 커진다. 물론 이 믿음은 틀렸다. 좋은 결과를 얻기 위해 모든 걸 잘할 필요는 없다. 실패했다고 생각하지 말고, 한주의 행동들에 대한 객관적 점수(또는 완료율, 예를 들어 75퍼센트)를 매겨보라. 그리고 다음 주에는 더 나아지도록 노력하라.

세상에 완벽한 사람은 없고, 최고의 스토아학파 학자조차 틀렸다는 걸 떠올려보라. 도중에 실수하더라도, 목표를 달성할 수는 있다. 실수할 여지를 두라. 전부와 전무 또는 성공과 실패 같은 절대적 흑백 논리는 피하라. 흑백이 아닌 회색으로 생각하는 법을 배우라. 너무 극단적으로 생각하지 말라.

05 ─ 부정적 필터

이것은 특정한 부정적 측면 때문에 긍정적 부분을 전혀 보지 못하는 실수를 저지르는 것이다. 예를 들어, 한 과목에서 낮은 점수를 받으면, 좋은 점수를 받은 나머지 과목들은 보지 못하면서 기분이 나빠진다. 예를 들어, 몇 주 동안 체중이 줄었는데도 마지막 주에 감량이 정체되면 이전의 좋은 결과보다 이렇듯 특정한 부정적인 결과를 더 신경 쓴다. 또는 당신의 일을 소중히 여기는 사람들이 더 많다는 걸 깨닫지 못한 채, 당신의 일을 헐뜯는 사람들만 더 신경 쓴다.

당신의 눈을 객관화하고, 마음의 필터를 조정하라. 판사 앞에서 당신 사건을 변호해야 한다고 상상해보라. 당신에게 유리하도록 어떤 증거를 사용할 것인가?

이 오류의 변형은 자신을 다른 사람과 비교하는 것이다. 예를 들어, 함께 체중 감량을 하고 있는 팀이 있는데, 당신의 결과가 객관적으로 좋아도 다른 사람들이 더 잘하면 기분이 나빠진다.

06 ─ 긍정적 부분 제거

이것은 부정적 필터의 이면이다. 우리는 나쁜 점을 확대할 뿐만 아니라, 좋은 점은 최소화하는 경향이 있다. 우리에게 벌어지는 긍정적인 일을 별로 중요하게 여기지 않고, 그걸 그저 정상적인 결과거나 실제가 아니라고 생각한다.

만일 동료가 당신더러 "멋있다"고 하면, 그 말을 진심이 아니라 인사치레성 빈말이라고 생각한다. 일주일 동안 식단을 완벽하게 지킨 걸 기뻐하는 대신, 대수롭지 않은 일을 했다고 생각한다.

이런 비생산적인 감정을 줄이기 위한 스토아적 기술은, 부정적 편견에 맞서서 우리가 가지고 있거나 이룬 모든 좋은 점에 대해 자주 생각하는 것이다.

07 — 미래 추측

우리는 종종 앞으로 무슨 일이 일어날지 안다고 착각하는 실수를 저지른다. 과거 경험이 항상 미래 경험으로 이어진다고 예측하지만, 꼭 그런 건 아니다. 사실은 초기 마음 상태가 최종 결과를 결정할 수 있다. 만일 최근에 다이어트에 실패하고 별 기대 없이 다시 시작했다면, 분명 다시 실패할 것이다. 그것이 바로 그 유명한 '자기실현적 예언self-fulfilling prophecy'이다.

이런 인지적 오류를 보여주는 몇 가지 생각이 있다. "이전에 다이어트에 실패했으니까, 다이어트를 하기만 하면 무조건 실패할 거야", "나는 다이어트를 끝까지 할 수가 없을 거야. 나는 항상 포기하니까", "나는 이 훈련을 견딜 수 없을 거야. 체육관에서 비웃음거리가 될 거야."

우리의 예측이 항상 정확한 건 아니다. 실제로 일어날 일을 알 수 있는 유일한 방법은 바로 직접 시도하는 것이다. 미래에 대해 부정적으로 생각하지 말라. 결과와 관계없이 모든 걸 지식을 얻기 위한 실험으로 바라보라.

방금 살펴본 것처럼 많은 사람들이 미래에 대해 부정적 편견을 갖지만, 어떤 사람들은 문제를 정반대로 바라본다. 즉, 모든 것이 쉽고 결과가 빨리 나올 것이라고 기대한다. 그래서 문제가 나타나기 시작하면, 곧바로 좌절하고 포기한다. 당신의 타고난 성향을 생각해보고, 더 현실적이고 적절한 생각을 하라.

08 — 생각 해석

이것은 실제적 증거 없이 다른 사람들의 생각을 다 알고 있다고 착각하는 것이다. 우리는 다른 사람의 행동을 설명할 수 있는 수천 가지 이유를 무시한 채, 다른 사람의 행동에 우리의 두려움을 투영하는 경향이 있다. 예를 들어, "그가 전화하겠다고 해놓고 하지 않았으니, 그는 나를 좋아하지 않는 게 분명해."

또는 다른 사람의 의견이 우리에게 불쾌감을 주면, 우리에게 해를 끼친 것으로 간주한다. 거기에 대한 뚜렷한 증거도 없이, 모르는 상황을 잘못된 믿음으로 받아들인다.

생활 습관을 바꾸면 다른 사람들이 우리를 이상하게 볼까봐, 동료가 만든 수제 쿠키를 먹지 않으면 무례하게 볼까봐 두려워한다. 이러한 신념들에 주의하라. 그들이 당신을 어떻게 생각할지 넘겨짚지 말라. 분명히 그들은 다른 생각을 하고 있다(종종 나머지가 그들을 어떻게 생각할지를 걱정하고 있다).

또한 당신은 다른 사람의 생각을 절대로 통제할 수 없으므로 스토아학파는 그것들을 중립적 요소로 여긴다. 나중에 이 두려움이 당신의 목표에 방해가 되는 걸 막기 위한 전략을 살펴볼 것이다.

09 ─ 낙인

이것은 특정 사건을 기반으로 자신(또는 타인)에 대한 전반적 평가를 하는 것이다. 예를 들어, "나는 오늘 다이어트를 못 했기 때문에 절제하지 못하는 사람이야", "이 시험에서 실수한 걸 보니, 결국 공부해도 소용없는 사람이야", "매일 훈련에서 이 운동을 하는 게 어려운 걸 보니, 나는 몸이 둔한 사람이야."

이 경우 우리는 일어난 일을 간단히 설명하고(필요한 경우), 다시 일어날 위험을 줄이는 조처를 취해야 한다.

물론 다른 사람들에게는 이 실수를 해서는 안 된다. 사람은 너무 복잡한 존재이기 때문에 간단한 꼬리표만으로 설명할 수가 없기 때문이다. 선한 행동을 한다고 성인이 되는 게 아닌 것처럼, 나쁜 행동을 한다고 나쁜 사람이 되는 건 아니다.

10 ─ 당위적 사고(~해야 해)

이것은 우리가 어떻게 행동해야 하는지, 다른 사람들이 우리를 어떻게 대해야 하는지, 세상이 어떻게 작동해야 하는지에 대한 엄격한 생각들이다. 일부 심리학자들은 이러한 생각을 '당위적 사고'라고 한다.

우리는 자신의 행동과 관련하여 종종 '~해야 한다', '~할 필요가 있다'와 같은 상상의 의무를 부과한다.

예를 들어, 많은 사람이 계속 다른 사람을 기쁘게 해야 한다고 생각하기에 자기 이익을 뒤로 미룬다. 남들의 기분을 망치지 않으면서 모든 목표를 달성하거나 만족하기 위해 모든 걸 완벽하게 해야 한다고 생각한다. 종종 비현실적 목표를 설정함으로써 실망하고, 그 결과 부정적인 감정도 갖게 된다.

이런 편견은 나머지와 일반적 삶에도 적용된다. 꽤 많은 사람이 '다른 사람들이 내가 원하는 대로 대해줘야 하고, 나 스스로 편안하고 문제없는 삶을 살 권리가 있다'고 믿는다. 그 결과, 다른 사람에게 계속 분개하고 스스로 좌절하며 역경을 잘 견디지 못해서 피해의식에 사로잡히고 만다.

명령의 대상	예시	결과
자기 자신	• 여름이 오기 전에 체중을 줄여야 해. • 계획을 완벽하게 지켜야 해. • 직장에서 성과를 100퍼센트 내되, 사회생활도 그대로 유지해야 해.	• 이상적인 결과를 달성하지 못한 것에 대한 죄책감과 자책 • 불필요한 스트레스
타인	• 내 배우자가 나를 정말로 사랑한다면, 내 모든 일을 지지해야 해. • 그들은 내가 원하는 방식으로 나를 대해줘야 해.	타인에 대한 분노

	• 그들은 내가 해주는 일에 감사해 야 해.	
세상	• 세상은 공정해야 해. • 내가 원하는 직업은 구하기 쉬워 야 해.	• 쉬운 좌절 • 피해의식

"~해야 한다" 또는 "~할 필요가 있다"와 같은 명령적인 생각에 주의를 기울여야 한다. 그리고 이런 요구 사항을 선호사항으로 바꾸어야 한다. "먹을 필요가 있다"에서 "먹고 싶다"로, "해야 한다"에서 "하고 싶다"로 바꿔보자. 이것은 엄격한 요구를 유연한 선호로 바꾸는 일이다. 이런 인지적 유연성을 각 상황에 적용하면, 당신이 마주치는 장애물에 대한 회복탄력성이 증가한다. 분명 우리는 책임을 지고 개선하려고 노력해야 하지만, 유연성도 키워야 한다.

외부 요소와 관련해서는 세상을 있는 그대로 이해하라. 에픽테토스의 첫 번째 규칙을 기억하라. "어떤 것은 당신에게 달려 있고, 또 어떤 것은 그렇지 않다." 세상의 작동 방식이나 다른 사람의 행동 방식은 당신이 통제할 수 있는 범위의 것이 아니다. 물론 환경을 개선하고 더 나은 세상을 만드는 데 이바지하려고 노력할 수는 있지만, 보통 타인과 세상의 목표가 당신을 기쁘게 하는 것이 아님을 반드시 이해해야 한다.

요컨대 스스로 부과한 규칙에서 당신을 놓아주라. 그리고 당신과 다른 사람들의 불완전함을 받아들여라. 바꿀 수 있는 건 개선하려고 노력하고, 바꿀 수 없는 것에 대해서는 불평하는 시간을 줄여라.

자기 대화의 생산적 개선

당신의 감정과 생각으로 합리적 토론을 하는 법을 배우는 것은 행동을 개선하기 위한 강력한 수단이지만, 다른 것들과 마찬가지로 시간이 걸린다. 자동적 사고를 감지할 때마다 그것이 사실일 수도 있고 아닐 수도 있다는 단순한 가설로 접근하고, 현실에 맞는지 아닌지도 합리적으로 평가하라.

늘 의문을 품고서 이 과정에 접근하라. 스토아적 프로소케 prosoché (집중)를 활용해 해로운 생각을 골라내고, 이것을 유용한 생각으로 바꿔라.

해로운 사고	유용한 사고
입증할 수 없는 가정을 기반으로 한다.	입증이 가능하다.
사실을 왜곡한다.	사실을 과장 없이 설명한다.
필요나 요구처럼 표현한다.	바람이나 선호로 표현한다.
격한 (일어난 일과 어울리지 않는) 감정을 생성한다.	적당한 (또는 일어난 일에 맞는) 감정을 생성한다.
문제 해결과 목표 달성을 방해한다.	문제 해결과 목표 달성을 촉진한다.

다음 표는 비생산적인 해로운 사고와, 이를 유용한 사고로 바꾸

어 감정적 영향을 줄이고 우리의 발전을 돕는 방법을 보여준다.

해로운 사고	유용한 사고
나는 실패했어. 난 이걸 잘하지 못해.	적절한 조처를 못해서 바라던 결과를 얻지 못했어. 이 실수를 통해서 배우고, 관점을 바꾸면서 다시 시도해볼 거야.
나는 바뀔 수 없어.	모두 변할 수 있고, 나도 마찬가지야.
나는 새로운 일을 하는 게 두려워.	이게 효과가 있을지는 모르겠지만, 나는 최선을 다할 거야.
다른 사람들은 나보다 노력을 적게 해도 그런 결과를 얻어.	사실 나는 다른 사람들이 얼마나 노력하는지는 모르겠어. 또 어떤 사람은 나보다 장점이 많고, 또 어떤 사람은 나보다 장점이 적어. 난 그저 최선을 다해서 집중할 뿐이야.

어떤 삶을 살지, 가치 명확히 하기

먼저 당신이 어떤 사람이 되고 싶은지 자문하라.
그런 다음 해야 할 일을 하라.

• 에픽테토스

앞에서 우리는 감정과 자동적 사고가 어떻게 현실을 왜곡해서 우리의 눈을 흐리게 하는지 살펴보았다. 다음 단계는 사회의 기대에 영향을 받지 않고, 우리가 정말로 원하는 것에 관해서 성찰하는 것이다. 하지만 하고 싶은 일을 생각하기 전에 '나는 어떤 사람이 되길 원하는지'를 분명히 알아야 한다.

집단사고Groupthink(응집력 있는 집단들의 조직원들이 갈등을 최소화하며, 의견의 일치를 유도하여 비판적인 생각을 하지 않는 것)와 양 떼 효과Herding Effect(무리에서 혼자 뒤처지거나 동떨어지는 걸 싫어해서 남들을 따라하는 현상)가 지배하는 초연결 세계에서 자신만의 관점을 얻으려면 복종적 다수와는 거리를 두어야 한다.

사회가 정한 길을 따라가기는 쉽지만, 이렇게 하면 타인이 당신의 운명을 결정하게 된다. 반대로 스스로 생각하고 그것에 따라 행동하면 주위 상황에 휩쓸리지 않는다. 순응의 힘은 당신이 끌려가는 길에 의문을 제기하지 않는 것이 '정상'이라고 여기도록 만든다. 오늘날 사회에서 정상이란 과체중, 식욕부진, 오랜 좌식 생활, 한 달에 한 권 미만의 책 읽기를 의미한다. 우리는 정상보다 더 많은 걸 열망해야 한다. 우리는 자신만의 길을 선택해야 한다.

많은 여행에서 표지판을 따라가면 길을 잃지 않는다.
하지만 통행량이 가장 많은 길이 대개 가장 위험하다.
한 마리 양처럼 다른 양들을 따라가지 말라.
우리가 원하는 곳이 아닌,
무리가 원하는 곳으로 가게 되기 때문이다.

• 세네카

스토아학파는 우리에게 인기가 아니라 자기 자신에게 가치를 두도록 가르쳤다. 즉, 다른 사람을 흉내내기보다는, 이성에 따라 행동해야 한다.

우리의 많은 문제의 원인은
이성보다는 협약을 따라 삶을 조직하기 때문이다.

• 세네카

계속 이웃의 말과 행동, 생각을 알려고 애쓰지 않으면
얼마나 많은 시간을 절약할 수 있을까.

• 마르쿠스 아우렐리우스

꼭 다른 사람들과의 협약을 어기라는 뜻이 아니다. 많은 분야에서는 그렇게 하는 게 옳다. 하지만 여행을 떠나기 전에는 먼저 어디로 가고 싶은지 생각해야 한다. 그리고 더 중요한 것은 우리가 어떤 사람이 되길 원하는지를 생각하는 것이다.

습관을 변화시키기는 어렵다. 왜냐하면 우리의 정체성을 바꾸지 않고 행동을 바꾸려 하기 때문이다. 정체성을 놔둔 채 행동을 바꾸는 것이 단기적으로는 효과적일지 몰라도, 이렇게 하면 새로운 습관은 오래가지 않을 것이다. 지속적인 의지력이 없다면 새로운 습관은 그저 늘 '희생'이라든가 '강요해야 할 것'처럼 보일 것이다.

이걸 어떻게 해결할 수 있을까? 먼저 자신의 정체성을 바꾸고, 바라보는 방식도 바꿔라. 이전 장에서 보았듯이, 당신의 신념은 현실을 경험하는 필터이다. 우리 행동은 부분적으로 신념의 표현이기 때문에 그것이 변하면 훨씬 적은 노력으로도 행동을 바꿀 수 있다. 깊은 변화는 내부에서 시작해서 외부로 나타난다.

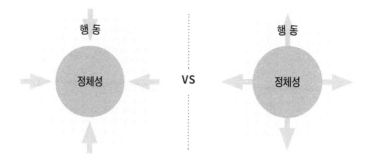

이런 변화는 분명히 하룻밤 사이에 일어나지 않는다. 과거의 모든 경험은 가장 뿌리 깊은 신념에 영향을 주는데, 이것은 자신을 바라보는 방식과 주변 환경에 대한 반응을 결정한다. 예를 들어, 낮은 자존감은 음식과 관련된 문제로 이어질 수 있는데, 이것이 부정적인 감정을 해소하는 방법이 되기 때문이다. 이런 경우에는 문제의 뿌리가 깊으므로, 단순히 칼로리를 조절하는 것만으로는 효과가 나타나지 않는다. 진짜 해결책은 내면에 있다.

정체성을 만들어가기 시작할 때 할 수 있는 첫 번째 행동은 당신의 삶의 철학을 생각하는 것이다. 스토아주의는 일종의 정신 운영 체제이기에, 자신을 보는 방식을 정확하게 개선하고 생각의 원인을 이해하도록 도와줄 수 있다. 이렇게 하면 행동을 개선하기가 훨씬 쉬워진다.

당신의 목적과 가치를 결정하라

주요 임무에 집중하라.
재미와 여가를 위한 순간과 장소가 있지만,
이것 때문에 진정한 목적에서 벗어나서는 안 된다.

• 에픽테토스

대다수의 삶은 스스로의 선택이 아닌, 기존의 관성에 따른 것이다. 우리는 그걸 게으름으로 인식하는데, 그러면 뭔가 명확하지 못할 때가 많다. 만일 자신이 누구인지, 어디로 가는지 모른다면 다른 사람과 상황에 끌려가기가 쉽다.

아리스토텔레스의 시대 이후로 그리스 철학은 텔로스^{telos}(내재적 목표)라는 단어를 사용해서 뭔가의 최종적 또는 궁극적 목적을 표현했다. 예를 들어, 도토리의 텔로스는 도토리나무가 되는 것이다. 앞에서 살펴본 것처럼, 인간의 텔로스는 에우다이모니아를 얻고, 미덕으로 행동하며, 마음의 평화를 유지하는 것이다. 이것을 건강의 세계로 확대해서 적용해보면, 우선 육체적·정신적 건강을 이루고, 균형 잡힌 방식으로 모든 능력을 계발하며, 자신의 잠재력에 접근하는 것이다. 하지만 이것이 특정 수치 또는 체지방 비율 달성에 집착하는 걸 의미하지는 않는다.

따라서 목적은 명확한 목적지가 아니라 방향을 뜻한다. 그리고 무엇보다도 지속적으로 더 나아지겠다는 분명한 약속이다.

최종적인 몸의 상태는 유전자에서 유년기 질병에 이르기까지 우리가 통제할 수 없는 여러 요인에 따라 달라지기에 자신의 몸을 다른 사람의 몸과 비교할 필요는 없다. 우리의 임무는 그저 몸에 필요한 모든 걸 제공하는 것이며, 그 나머지는 몸이 알아서 할 것이다. 도토리가 비옥한 땅에 떨어지지 않거나 물과 햇볕을 받지 못하면 도토리나무가 되지 않는 것처럼, 그것이 번성할 수 있는 적절한 환경을 조성하지 않으면 건강해질 수가 없다.

그리고 이런 자기 발견 과정에서 우리의 가치들에 대해 깊이 생각하는 것이 무엇보다도 중요하다.

가치의 명확성

자기 삶에 집중한다면,
외부의 승인을 구할 필요가 없다.

• 에픽테토스

명확성은 우리에게 힘을 실어준다. 그래서 우리가 원하는 삶의 방식을 정하면 우리가 변화할 수 있다. 이 기술은 인지행동치료의 일부이고, 여러 문제에서 그 효과가 입증되었다. 삶에 대한 목적의식을 가지면 더 나은 습관을 선택하게 되며, 어려운 상황도 이겨나갈 수 있다. 내적 가치를 따르면 사회적 압박 앞에서도 영향을 훨씬 덜 받게 된다.

우리가 원하는 삶의 가치를 정의함으로써 행동이 우리의 가치를 반영하는지를 평가할 수 있다. 말로는 건강을 소중히 여긴다고 하면서 실제로는 운동하지 않으면 일관성이 없는 것이다. 우리의 가치와 행동 사이의 차이를 인식하는 것만으로도 변화를 위한 동기를 충분히 부여할 수 있다.

동기를 부여하는 원칙들을 매일 실천하면 목적 없이 주위를 맴돌고 쾌락을 좇으며 불편함을 피하는 것보다 더 큰 만족감을 얻을 것이다. 우리는 많은 고통을 견딜 수 있는데, 이것은 그 고통에 의미를 부여할 때만 가능하다.

스토아학파는 높은 수준의 구체적 가치들(미덕)을 제시했지만, 그것들을 삶에서 어떻게 표현할지는 개인의 자유이다. 몇 가지 스토아주의의 가치들을 예로 들어보자.

+ 지혜. 지속적 학습은 당신의 가치 중 하나로 삼을 만하다. 이것은 외부의 지식을 흡수하는 것뿐만 아니라, 당신의 신체에 대한 이해도도 높여준다.
+ 용기. 두렵더라도 올바른 일을 하는 용기는 분명 추구할 만한 가치다. 얼마나 많은 두려움이 당신의 삶을 제한하는지 더 잘 알게 될 것이다. 이것이 두려움을 극복하는 첫 번째 단계이다.
+ 정의. 가장 만족스러운 삶은 개인의 삶을 넘어선 목적에

이바지하는 것이다. 단순한 경우라도 어떤 식으로든 다른 사람을 돕는 것은 우리 삶을 풍요롭게 한다.

✦절제. 가치 있는 목적을 이루는 과정에는 노력과 희생이 따른다. 정말로 원하는 걸 추구한다는 것은 필연적으로 다른 것들을 포기하는 걸 의미한다. 예를 들어, 자유는 많은 사람이 열망하는 가치이지만, 절제하는 훈련을 통해서만 자유를 누릴 수 있다. 자신의 충동을 제어하는 법을 배우지 못하면, 자유의 노예가 될 수밖에 없다.

가치들은 당신이 가진 것보다 당신이 누구인지와 관련이 있다. 할 일 목록에서 제거할 수 있는 달성 가능한 것이 아니라, 오히려 행동의 이상향이다.

> 당신이 가진 것에 대해서는 덜 걱정하고,
> 당신이 어떤 사람인지를 더 걱정하라.
>
> • 소크라테스

만일 당신에게 중요한 가치가 건강이라면, 그걸 이루었다고 말할 수 있는 정확한 순간은 없을 것이다. 자유나 창의성도 마찬가지다. 가치는 개인의 행동으로 얻어지는 게 아니다. 가치는 우리의 생각과 행동을 이끌어야 한다.

우리의 가치에 대해 생각해본 후에는 이런 가치에 맞는 구체적 목표를 설정해야 한다. 목표는 우리가 이루고자 하는 내용이고, 가치는 이유와 구체적 계획 방법을 결정한다. 그리고 이런 요소들이 모두 통합되어야 한다. 이제 이유가 명확해졌다면, 목표와 계획으로 넘어가보자.

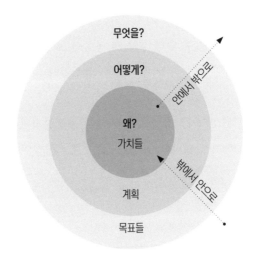

스마트하게 목표 정하기

사람이 어디로 항해하는지를 모르면,
바람이 그에게 유리하지 않다.

• 세네카

이루고 싶은 목표를 분명하게 정하면 이룰 가능성도 커진다. 목표는 마음을 집중시키면서 어떻게 행동할지도 지시하기 때문이다.

또한 이런 목표를 설명하는 방식은 목표를 달성할 가능성에 영향을 준다. 예를 들어, 여러 연구에서는 목표를 설정할 때 필요한 소위 '스마트SMART 기준'을 제시한다.

* Specific(구체적), 구체적 목표는 구체적 행동으로 이어질 가능성이 더 높다. 정말로 이루고 싶은 변화는 무엇인가? 체중 줄이기가 일반적이라면, 10킬로그램 감소는 구체적이다. '건강한 사람 되기'가 추상적 목표라면, '매일 열 번씩 턱걸이 운동하기'는 구체적 목표이다.

* Measurable(측정 가능한), 목표를 바탕으로 특정한 측정이

가능한 항목을 정하면, 이를 통해 목표에 더 가까워지는지를 명확하게 알 수 있다.

+ Achievable(달성 가능한), 좋은 목표는 도전적이면서도 현실적이어야 한다. 너무 쉬우면 동기 부여가 안 되고, 너무 과하면 겁을 먹게 된다.

+ Realistic(현실적), 목표는 다른 사람을 기쁘게 하거나 내가 속한 사회 집단에 맞추려는 욕구가 아니다. 나 자신에게 중요한 것에서 동기를 부여받아야 한다.

+ Time-bound(기한이 있는), 목표를 달성할 특정 날짜를 설정하면 힘이 생기고, 뇌도 집중하게 된다.

마지막으로 당신이 정한 목표들은 당신의 손안에 있어야 한다. 당신이 통제할 수 없어서 불안만 증가하게 만드는 '다른 사람에게 잘 보이기 위한' 목표들을 피하라. 요컨대 좋은 목표는 당신의 노력에 따라 크게 달라지는 (당신의 가치에 맞춰진) 것들이다.

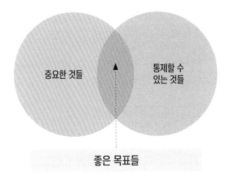

고집스럽지도 변덕스럽지도 않은

고집과 변덕의 결과는 불안과 불행이다.
이 양극단은 모두 평온의 적이다.
전자는 아무것도 변하지 못하게 하고,
후자는 아무것도 참지 못하게 한다.

• 세네카

세네카는 가치 있는 목표를 따르는 걸 중요하게 여겼지만, 여기에서 두 극단에 빠질 위험이 있다는 경고도 했다.

어떤 목표에 대한 고집은 우리의 눈을 멀게 할 수 있고, 넓게 보지 못하게 하는 일종의 터널시야tunnel vision(시야 협착의 일종. 터널 속에서 터널 입구를 바라보는 모양으로 시야가 제한되는 것)마저 갖게 한다. 즉, 목표를 정하면 더 집중할 수 있지만, 집중하는 범위가 너무 좁으면 시간이 지남에 따라 벌어지는 상황의 중요한 변화를 눈치채지 못한 채 지나가게 된다.

또한 목표를 추구하다 보면 우리의 가치를 훼손할 수도 있다. 그래서 스토아학파는 '유일한 선이란 미덕을 가지고서 행동하는 것'임을 강조했다. 또한 다른 어떤 목표도 그 자체로 가치가 있지만, 이러한 가치 때문에 우리가 원칙에서 벗어나면 안 된다.

예를 들어, 지방 수치를 낮추려는 집착은 위험한 건강 습관으로 이어질 수 있다(이 때문에 소위 '마법사' 치료를 한다는 시술 업소 또는 보충제 공급 업체가 망할 날이 오지 않으리라). 체중이 빨리 줄지 않더라도, 올바른 식습관이나 효과적인 운동 방법을 배우면서 좋은 습관을 들이는 게 훨씬 더 중요하다. 즉, 목표보다는 달성 방법이 더 중요하다.

또한 배우고 실천함에 따라 선호도가 바뀌고, 이전에 동기를 부여하던 것이 지금은 그렇지 않기도 한다. 또는 그런 과정 중에 이전에는 없던 기회가 생겨서 목표를 다시 생각해보기도 한다.

이런 유연성은 좋은 정신 건강의 신호이며, 이는 우리가 변화하는 세상에 적응할 수 있도록 도와준다. 원래 계획에서 잠시 벗어나더라도 두려움 없이 다른 길을 탐색하고, 자책하지 않고서 목적의식을 유지하게 해준다. 이런 목표는 당신에게 도움이 되면 모를까, 당신을 방해하지는 않는다.

따라서 목표에 집착하는 것은 잘못이지만, 그 반대쪽에 있는 변덕스러움도 안 좋다.

> 정한 목표에 너무 집착하지 않고,
> 우연히 샛길로 빠지지 않기 위해서는 유연해야 한다.
> 하지만 평온함과 가장 반대되는 악덕인
> 변덕에 갇혀서도 안 된다.
>
> • 세네카

변덕스러운 사람은 목표를 정하고도 곧 지쳐서 몇 주 안에 새로운 목표를 따라간다. 이런 끊임없는 변화에는 그 어떤 관련성도 없다. 변덕스러운 사람은 많은 기초를 쌓지만, 그 기초에는 아무런 가치가 없다. 용기 있게 시작해도 문제가 생기는 즉시 무너지고 말 테니까. 만일 당신이 이런 사람이라면, 이 책을 계속 읽어보라. 이런 어려움을 극복하기 위한 구체적 전략이 뒤에서 나올 것이다.

요컨대 목표가 동기를 부여하지 않거나, 더 나은 기회가 온다면 방향을 조정하라. 하지만 그저 생각만큼 쉽지 않다는 이유 때문에 포기하면 안 된다. 어렵지만 실천할 수 있는 능력을 계발하는 것은 일반적으로 삶과 건강을 개선하는 데 필수적이다.

마지막으로 원하는 걸 달성한 순간에 당신의 행복을 뒤로 미루지 말라. 모든 올바른 행동을 했을 때 축하하라. 그 방법이 보상임을 기억하라.

계획과 습관

발전은 우연이 아니라,
매일 자신을 위해 노력함으로써 생긴다.

• 에픽테토스

계획이 없는 목표는 소원에 지나지 않는다. 명확한 목표를 가지고서 구체적으로 행동하기로 결정하면 목표를 달성할 수 있을 것이다.

즉, 완벽한 계획을 바라는 실수를 범하지 말라. 첫걸음을 내딛으면서 산의 정상을 볼 필요는 없다. 계획의 문제는 정보가 가장 적은 초기에 세워야 한다는 것이다. 계획은 실제로 살아 있는 유기체이고, 결과와 새로 축적된 지식에 따라 업데이트되어야 한다. 따라서 계획은 하나의 사건이 아니라 과정이다.

이미 있는 바퀴를 또 발명하려고 하지 말라. 식사와 훈련 방법을 배우고 싶다면, 전문가에게 조언을 구하거나 내 프로그램 중 하나를 참고하라.*

---

* https://www.fitnessrevolucionario.com/programas/에서 이용 가능하다.

또한 계획은 지침이지, 침범할 수 없는 규칙이 아니다. 계획을 완벽하게 따라야 한다고 생각하지 말라. 이전에 소개했던 '전부 또는 전무'의 인지적 오류를 범하지 말아야 한다. 최선을 다하고, 끊임없이 배우라. 또한 계획을 현실에 맞춰 조정하라. 당신이 따를 수 있는 평범한 계획은 이룰 수 없는 완벽한 계획보다 당신에게 더 효과적일 것이다.

* * *

마지막으로 계획은 이루어가야 할 일련의 조치에 지나지 않는다. 이런 작업 중 일부는 한 번만 해도 되고, 또 다른 작업은 시간의 흐름에 따라 반복해야 한다.

계획	목표	목표	목표	목표
	행동	행동	행동	행동
	행동	행동	행동	행동
	행동	행동	행동	행동
	행동	행동	행동	행동

모두가 의무적으로 뭔가를 꼭 해야 할 때가 있다. 그런데 매일 행동을 반복하려면 다른 사고방식이 필요하다. 예를 들어, 살을 빼고 싶다면 한 번은 잘 먹고 다음에는 조금 먹는 게 좋다. 근육량

을 늘리고 싶은가? 한 달에 두 번 운동하는 걸로는 이룰 수가 없다. 따라서 우리는 이런 유형의 행동을 습관으로 전환해야 한다.

행동에서 습관으로

아무것도 미루지 말고, 매일 삶과 싸우자.

• 세네카

좋은 삶을 살려면 편리하든 편안하지 않든,

쉽지 않을 때든 일관적이어야 한다.

• 에픽테토스

목표를 정하고 계획을 세우는 게 중요하지만, 그것만으로는 충분하지 않다. 결과는 항상 고립된 행동들이 아니라 과정의 열매이다. 매일 반복되는 작은 행동의 효과는 시간이 지남에 따라 향상된다.

이런 이유로 스토아학파는 목적보다 과정에 더 중점을 두었다. 개선 과정에는 결승선이 없다. 살을 빼고 싶다면 매일 몸무게를 재는 것보다 잘 먹고 운동에 집중하는 것이 훨씬 더 효과적이다. 결과에 집착하는 게 목표를 달성하는 데 도움이 되지는 않는다.

우리는 지금 당장 바꿀 수 있는 행동, 즉 다음 식사, 다음 운동, 오늘 밤 잠자리에 드는 시간에 집중해야 한다.

체중을 감량한 사람들 중 대부분의 체중이 왜 원상 복구될까? 일단 목표를 달성하거나 중도에 포기하면, 옛 습관으로 돌아가면서 빠졌던 몸무게도 돌아오기 때문이다.

스토아학파는 우리의 행동이 긍정적이든 부정적이든 반복할수록 더 강화된다는 걸 알고 있다. 우리가 반복하는 것은 강화되기 마련이다. 그리고 한 번 견디면 다음번에 견딜 가능성도 커진다. 또한 한 번 포기하면 다음번에 포기할 가능성도 커진다.

기분이 나빠지고 싶지 않다면,
그런 습관을 기르지 말라.
그걸 키울 어떤 여지도 주지 말라.
침묵을 유지하거나 화를 내지 않았던 날이
며칠이나 되는지 세어보라.
"매일 화내다가 그다음엔 격일로,
그다음엔 3~4일 간격으로 화를 냈다."
나쁜 습관은 먼저 약해지고, 그 후에 무너진다.

• 에픽테토스

시간에 따라 적당한 노력을 반복하면, 빨리 지치기 마련인 엄청난 노력을 기울일 때보다 더 나은 결과를 얻을 수 있다. 올바른 행동을 반복하는 것은 좋은 습관들에 투자하는 것이고, 그 혜택은 조금씩 쌓인다.

재정적 부분으로 비유해본다면, 모든 습관이 똑같은 수익을 내는 건 아닌 것과 같다. 어떤 습관은 1퍼센트의 이자를 돌려주고, 또 어떤 습관은 10퍼센트나 돌려준다. 작은 차이라도 시간이 지남에 따라 매우 다른 결과를 낳는다. 예를 들어, 다음 그래프는 같은 초기 자본(또는 상황)에서 시작했고, 매일 같은 노력(돈 또는 노력)을 했는데, 장기적으로 보기에 8퍼센트와 10퍼센트라는 차이가 나타났다.

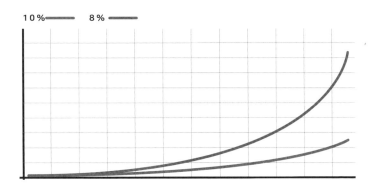

가장 큰 수익을 낳는 습관은 각자의 상황에 따라 다르다. 하지만 우리의 건강과 정신력을 향상하는 데 도움이 되는 습관은 우리 자신에게는 최고의 투자다. 이는 삶의 거의 모든 영역에 긍정적 영향을 미치기 때문이다.

진행 과정 평가하기

내가 운동선수에게 "네 어깨를 보여줘"라고 할 때,
그가 "내가 훈련하는 무게를 봐"라고 대답한다고 상상해보라.
그러면 나는 그에게 "그 무게는 관심 없어"라고 대답할 건데,
이는 내가 보고 싶은 게 그 무게로 하는 훈련의 발전이라서다.

• 에픽테토스

우리가 측정하는 것은 우리의 개선되는 부분이다. 우리가 올바른 방향으로 가고 있는지 알려면 구체적 지표가 필요하다. 결과를 측정하면 행동이 효과가 있는지 알 수 있고, 효과가 없으면 그걸 조정할 수 있다. 만일 당신이 몸을 개선하고 싶다면 체질량 지수와 늘어난 몸무게를 측정해야 한다. 지방이 줄었는가? 당신은 몇 주 전보다 건강해졌는가? 이러한 질문에 대한 답을 알면 계획을 검토하는 데 도움이 될 뿐만 아니라, 동기도 부여할 수 있다. 진행 상황을 확인하면 더 열심히 하게 된다. 어쨌든 결과뿐만 아니라 과정도 측정해야 한다. 식단을 지켰는지, 관련 운동을 했는지, 충분한 휴식을 취했는지 매일 평가하라. 즉, 정말로 중요한 일에 시간을 할애하고 있는지를 파악하기 위해서는 지표가 필요하다.

불확실성을 인정하라

모든 인식에 의문을 제기하고 당신이 그걸 통제하고 있는지
스스로에게 묻는 습관을 지녀라.
당신이 통제할 수 없다면, 그저 걱정하지 않을 거라고 대답하라.

• 에픽테토스

이 첫 번째 부분(명확한 시각화)의 주요 목표는 현실을 명확하게 볼 수 있도록 돕는 거지만, 여기서도 결코 절대적 확실성을 얻을 수는 없을 것이다. 당신이 통제할 수 없는 일이 항상 생기기 때문에 불확실성을 받아들이기 전까지는 마음의 평화를 얻지 못할 것이다.

통제의 욕구는 불안의 주요 원인 중 하나이다. 당신이 어디로 가는지 정하면 이런 불안이 어느 정도 줄어들지만, 미래는 늘 불확실하다. 따라서 어느 정도의 불확실성을 견디면서 불완전한 정보로 합리적 결정을 내리는 법을 배워야 한다. 만일 결정을 내리는 데 필요한 모든 정보를 얻겠다고 기다리면, 행동을 절대 못할 것이다. '완벽하게 확실한 것 찾기'는 불안과 마비를 일으키는 완벽한 수단이다. 모든 답을 얻지 못하더라도 계속 진행할 수는 있다.

모든 좋은 일을 할 때는 미지의 세계로 발을 들여놓는 일이 필요하다. 만일 확실성이 필요하다면, 새로운 것들을 시도하지 않으면 된다. 하지만 시도하지 않으면 발전하지도 못할 것이다. 모

든 변화는 불확실성을 의미하며, 더욱 확실한 걸 원할수록 당신의 선택지도 줄어든다. 새로운 걸 창조하려면 낡은 걸 기꺼이 내려놓아야 한다. 따라서 삶에서 성취하는 것은 우리가 견딜 수 있는 불확실성의 정도에 비례한다. 그렇다면 이런 불확실성을 어떻게 하면 잘 견딜 수 있을까? 우선, 두려움을 호기심으로 바꾸어보라. 결말을 알고도 영화를 보고 싶은가? 아마도 아닐 것이다. 당신의 삶도 마찬가지다. 확실성은 지루함을 의미한다.

당신의 행동들을 '실험'이라고 생각한다면, 그 실험의 결과에 따라 조정해나가야 한다. 이 과정을 통해 위험을 판단하고, 실패를 처리하는 방법을 알게 될 것이다. 장기적으로 보기에 이것은 위험을 최대한 피하려고 하는 것보다 더 나은 결과를 가져올 수 있다. 불확실성이 당신을 마비시킬 때, 지금 당신이 정말로 바꿀 수 있는 것에 집중하라. 행동하면 통제력이 커질 것이다. 이 내용은 바로 다음 장에서 살펴볼 것이다.

마지막으로 당신이 다가올 수밖에 없는 도전들에 대처해나갈 수 있음을 믿으라. 마르쿠스 아우렐리우스는 우리가 미래를 두려워해서는 안 된다고 단언했다. 그 이유는 첫째, 외부 요인은 실제로 나쁘지 않기 때문이다. 둘째, 그 미래가 오면 현재 우리에게 도움이 되는 방법과 똑같은 방법으로 대처할 것이기 때문이다. 마음 훈련을 하면 할수록 매일의 불확실성 속에서 더 자신감을 가지게 될 것이다. 변화는 유일한 상수常數임을 기억하라. 그걸 피하려고 하지 말고 끌어안으라.

말이 아닌, 결단력 있는 행동

좋은 사람이 되는 방법을 토론하는데
시간을 낭비하지 말라.
하나가 돼라.

마르쿠스 아우렐리우스

철학은 우리에게 말이 아니라 행동을 하도록 가르친다.
그것은 각자 자기 기준에 따라
삶과 말이 조화를 이루며 살도록 요구한다.

세네카

명확한 비전으로 무장하고 나면 의도에서 행동으로 이동하면서 이를 실천에 옮겨야 한다. 이 장에서는 스스로 더 잘 정리하면서 해야 할 일을 불필요하게 미루는 '지연행동procrastination'을 극복하는 데 필요할 도구를 얻을 것이다.

에픽테토스는 우리의 철학이 더 많은 행동과 더 적은 말로 이루어질 때 비로소 발전할 조짐이 보인다고 했다. 여기에서 중요한 것은 스토아적 원칙을 외우는 능력이 아니라, 그 원칙을 실천하는 능력이다.

가치 있는 걸 말하는 것과
가치 있는 걸 하는 것에는 큰 차이가 있다.

• 에픽테토스

당신의 몸은 훈련이나 영양에 관한 책을 읽어서가 아니라 그 원리를 실천함으로써 개선될 것이다.

시간을 대하는 자세

그대가 얼마나 많은 시간을 미루는지 생각해보라.
그대의 시간은 제한적이다.
만일 시간을 자유로워지는 데 사용하지 않는다면
그것은 사라지고, 절대 돌아오지 않을 것이다.

• 마르쿠스 아우렐리우스

우리는 시간이 부족한 게 아니라,
많은 시간을 낭비하고 있을 뿐이다.
시간의 사용법을 안다면, 삶이 길어질 것이다.

• 세네카

시간은 삶의 원재료이며, 우리가 그걸 어떻게 사용하든 빨리 고갈되는 재생 불가능한 자원이다.

놀라운 일을 성취한 사람들은 우리와 같은 24시간을 살면서 그 일을 해냈다. 우리는 하루에 더 많은 시간을 추가할 수는 없지만, 무슨 일에 시간을 들일지는 스스로 선택할 수 있다.

변화 과정에 필요한 시간을 정했다면, 그다음에는 그 시간을 만들어야 한다. '새로운 일을 한다'는 건 거의 늘 '다른 일을 멈춘다'는 걸 의미한다. 다행히도 우리가 하는 일 중 대부분은 꼭 필요한 일이 아니다. 불필요한 걸 제거하면 우리에겐 본질적인 것이 남는다. 궁극적 목표는 더 많은 일을 하는 것이 아니라 중요한 일을 하는 것이다.

스토아학파에서 시간은 가장 소중한 재산이었고, 그들은 우리가 시간을 얼마나 쉽게 낭비하는지에 놀랐다. 스토아학파는 우리가 돈을 잃지 않기 위해 열심히 노력하면서도, 시간을 무모하게 낭비하고 있음을 발견했다.

> 사람들은 자기 재산에는 주의를 기울이지만,
> 가장 욕심을 부려야 하는 일에는 쉽게 시간을 낭비한다.
>
> • 세네카

잃어버린 돈은 다시 모을 수 있다. 하지만 잃어버린 시간은 영원히 사라진다. 따라서 우리는 가장 소중한 재산인 시간을 지키기 위해 최선을 다해야 한다.

세네카는 시간의 대가를 더 잘 깨달을 수 있도록 다양한 정신 훈련을 제공했다. 예를 들어, 남은 시간이 거의 없는 상황에서, 그 시간을 얻기 위해 기꺼이 돈을 내는 상황을 상상해보라고 제안했다.

아무도 시간을 소중히 여기지 않고,
그걸 사치한다.
하지만 의사가 죽음이 가까웠다고 말할 때
사람들의 반응을 생각해보라.
그들은 조금 더 오래 살 수 있다면,
기꺼이 모든 걸 내줄 것이다.

• 세네카

측정할 수 없는 대상을 관리하는 건 어려우므로, 세네카는 우리가 시간을 어떻게 사용하는지 기록할 걸 제안했다.

나는 전혀 낭비하지 않는다고 자신할 수는 없지만,
적어도 내가 얼마나 낭비하고,
무엇을 낭비하는지는 알고 있다.

• 세네카

이전 장 '명확한 시각화'에서는 우리에게 정말로 중요한 것들을 정했다. 이제 당신이 시간을 어떻게 보내는지 살펴보고, 가치 있는 일에 정말로 시간을 들이고 있는지를 확인해야 한다.

그저 시간의 가치만 생각해봐도 사소한 일에 시간을 낭비하지 않고 더 잘 관리할 수 있게 된다. 당신이 하는 모든 일에는 대가가 따르고, 시간으로 그걸 지불하고 있음을 잊지 말아야 한다.

시간을 대하는 자세

우리는 돈을 내는 물건만 '산다'고 생각하고,
시간으로 지불하는 건 '공짜'라고 생각한다.

• 세네카

반면에 스토아적 시간 관리 접근 방식은 생산성 향상을 강조하는 오늘날의 방식과는 거리가 멀다. 이것은 우리 계획표에 더 많은 걸 추가하는 것이 아니라, 중요한 일을 하는 것이다. 삶의 목표는 모든 이메일에 답장하거나, 모든 할 일 목록을 지워나가는 게 아니다. 우리는 우리 시간을 상품화해서는 안 되며, 우리에게 중요한 것, 우리가 원하는 것, 그리고 우리가 되고자 하는 우리 자신의 모습에 더 가까이 다가가는 일에 시간을 사용해야 한다.

어떤 이는 농장을 좋게 만드는 일을,
또 어떤 이는 말을 잘 키우는 걸 즐기지만,
나는 매일 나를 더 좋게 만드는 일을 즐긴다.

• 에픽테토스

시간이 없는가?

우리에게 속한 유일한 것은 우리의 시간이다.

세네카

제3장 말이 아닌, 결단력 있는 행동

시간 부족은 건강 개선에 실패한 사람들이 가장 많이 하는 변명 중 하나이다. "나는 시간이 없다"라는 생각은 스토아학파가 우리에게 경고한 망상 중 하나이다. 즉, 제대로 확인하지 않은 막연한 첫 느낌이다. 그것이 사실이라고 여기기 말고, 이 느낌을 탐구하고 가능한 다른 해석이 있는지 확인해야 한다. "나는 시간이 없다"라는 느낌을 인정하면 피해의식이 커질 수 있다.

시간이 없다고 주장하는 사람 중 대부분은 실제로 다른 일에 우선순위를 두고 있다. 시간이 없다는 결론을 내리기 전에 하루를 객관적으로 살펴보라.

일주일에 몇 시간이나 소셜미디어SNS를 이용하는가? 텔레비전은 몇 시간이나 보는가? 사교 행사에는 몇 시간을 들이는가? 이러한 관점의 변화는 당신을 피해자에서 주인공으로 만든다.

일상생활에서 하는 모든 일에 통제의 이분법을 적용하라.

하루에 여덟 시간 일해야 한다거나, 대학 공부를 해야 하는 것 같이 변경할 수 없는 (또는 적어도 단기적으로는 변경할 수 없는) 일들에 투입되는 시간을 평가해보라. 그리고 남은 시간을 어떻게 사용하고, 제한하거나 제거할 수 있는지 분석하라.

예를 들어, 출근길이나 이동 중에 팟캐스트를 듣는 시간처럼 '죽은' 시간을 활용해서 공부할 방법을 생각해보라.

또 더 많이 걷고 계단을 이용하면 더 많은 시간을 들이지 않고도 생활 속에서 더 많은 신체 활동을 할 수 있다. 제대로 된 음식을 먹는 건 안 좋은 음식을 먹는 것보다 더 시간이 걸리는 활동이 아니다.

또한 주말에 어떤 여가 활동을 하는지 생각해보라.

당신은 목표에 더 가까워지고 있는가, 아니면 더 멀어지고 있는가? 여가 활동을 당신의 가치관에 맞추기 위해 바꾸지 않고 있다면, 당신은 건강을 개선하기보다 여가에 우선순위를 두고 있는 것이다. 이 경우의 문제는 시간 부족이 아니라 결심이 부족해서라는 걸 깨달아야 한다. 그것이 나쁘다는 뜻은 아니다. 하지만 그것이 당신이 내리는 결정이라는 사실도 깨달아야 한다.

> 우리는 하루가 짧다고 불평하면서도,
> 마치 하루가 무한한 것처럼 행동한다.
>
> • 세네카

위임할 수 있는 일이 있는지 분석해보라. 만일 집 청소를 도와줄 사람을 고용하면, 일주일에 몇 시간의 여유 시간을 확보할 수 있을 것이고, 그 시간을 건강 개선에 쏟을 수도 있다. 이보다 더 나은 투자는 없다고 확신한다.

반면에 계속 일에 대한 압박감을 느낀다면, 문제가 시간 부족이라기보다는 과도한 목표일 수도 있다. 이 경우에는 더 집중할 부분을 정해야 한다.

집중과 주의력

특정 장소에 가려는 사람은 한 길만 택해야지,
동시에 많은 길을 가려고 시도해서는 안 된다.
후자는 걷는 게 아니라 방황하는 것이기 때문이다.

• 세네카

오늘날 생산성의 집중은 거의 항상 더 많은 일을 하려는 노력에 기반한다. 그렇기에 우리는 계획표에 있는 모든 빈칸을 새로운 작업으로 가득 채운다.

이 접근 방식의 문제점은 모든 일상 업무에 동일한 중요성을 부여한다는 것이다. 따라서 그 일의 가치와 상관없이 어떤 행동이든 완료하면 만족감을 느낀다.

힘을 나누어서 너무 많은 일을 하다 보면 일의 효율성이 떨어진다. 이 경우 '파레토 법칙^Pareto principle('80대 20 법칙'이라고도 함)'을 적용해서 시간 대부분을 가장 큰 영향을 미치는 일에 쏟아야 한다.

문제는 시간 부족이 아니라 우선순위의 부족이다. 이익이 별로 안 남는 활동에 많은 시간을 할애하면, 영향력이 큰 활동을 위한 시간과 에너지가 거의 남지 않는다.

만일 압박감을 느끼기 때문에 좋은 결과를 얻지 못한다면, 자신이 설정한 목표를 검토해보라. 다른 할 일이 많으면 우선순위를 정하라. 지금은 가장 중요한 두세 가지에 집중하고, 나머지는 무시하라. "두 마리 토끼를 잡으려다 한 마리도 못 잡는다"라는 속담이 있듯이, 일반적이고 사소한 일보다 몇 가지 중요한 일을 잘하는 게 더 낫다.

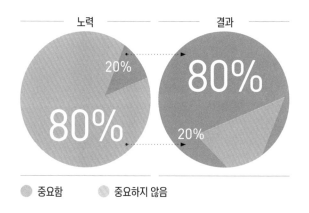

스트레스의 또 다른 원인은 주의력 분산이다. 그 결과 우리는 산만함의 희생자가 된다. 우리는 무엇을 해야 할지 알지만, 가치가 낮은 활동들에 계속 주의를 빼앗긴다. 우리는 소중히 여기는 건 보호하면서, 자신의 주의력은 중요하게 여기지 않는 경우가 많다.

당신의 주의력이 매우 중요하기에 많은 기업이 그걸 위해 경쟁한다는 사실을 알아야 한다. 당신이 쏟는 그 가치가 어느 정도인지, 얼마나 공짜로 넷플릭스나 인스타그램 같은 기업들에 주의를 쏟는지 자문해야 한다. 당신의 주의력은 제한적이기에 수

백 개의 관련 없는 것들에 주의력을 분배하면, 정말로 중요한 것에는 주의력을 쏟지 못하게 된다. 주의력 집중은 효과적 행동의 기초이다. 따라서 주의력을 분산하면 행동 능력이 떨어진다.

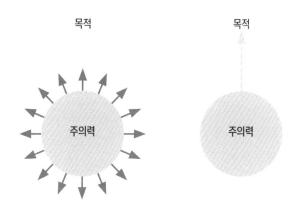

당신은 당신이 주목하는 대로 된다.
당신이 자기 생각을 선택하지 않으면,
다른 사람이 대신 그걸 선택할 것이다.

• 에픽테토스

에픽테토스는 학생들에게 다음 같은 질문을 자주 했다. "주의력을 집중하지 않을 때 우리가 더 잘할 수 있는 일은 무엇일까?" 물론 이것은 수사적 질문이고, 대답은 분명하다. 주의력은 행동을 향상시키고, 주의력 부족은 행동을 저하시킨다. 정말로 중요한 몇 가지 일을 잘하기 위해서는 그것에 주의력을 온전히 집중시켜야 한다.

> 매 순간 주어진 일에 주의를 기울여라.
> 산만함, 위선, 허영심, 상황에 대한 불평을 피하고,
> 모든 일을 마지막 일인 것처럼 하라.
> • 마르쿠스 아우렐리우스

우리의 감정을 자세히 살피고 적절한 반응을 결정하는 것과 관련된 '프로소케prosoché(집중)'라는 개념은 행동할 때도 중요하다. 우리는 현재 하고 있는 행동, 즉 우리가 통제할 수 있는 행동에 주의력을 집중시켜야 한다.

> 매시간을 활용하라.
> 현재 하고 있는 행동에 집중하고,
> 내일에 많이 의존하지 말라.
> • 세네카

이것은 분명히 당신의 삶에서 불필요한 많은 것들을 줄여나가라는 뜻이다.

산만함을 제거하라

———————

우리가 하거나 말하는 것 중 대부분은 꼭 필요한 게 아니다.
만일 그걸 제거할 수 있다면,
시간과 마음의 평화를 얻을 것이다.
항상 자신에게 물어보라, 이것이 정말 필요한 것인가?

• 마르쿠스 아우렐리우스

불필요한 것은 고작 단 한 푼짜리일지라도 비싼 것이다.

• 세네카

삶과 몸을 개선하는 과정에는 시간이 걸린다. 제거할 대상을 정하는 것은 추구할 목표를 결정하는 것만큼이나 중요하다. 이것은 한 가지에 '예'라고 대답할 때마다, 다른 것에는 '아니오'라고 대답하는 것과 같다. 당신이 시간을 보내는 활동들을 조심하라. 당신은 개선을 위해 많은 시간을 쏟고 있는가?

사람들 중 대부분이 시간을 늘려야 하는 게 아니라, 산만함을 줄여야 한다. 우리의 모든 시간과 에너지 및 관심에는 한계가 있다. 하나의 행동을 선택한다는 것은 다른 행동을 포기하는 걸 의미한다. 에픽테토스가 말했듯이, "만약 당신이 나아지고 싶다면, 수많은 일반적인 것들에 대해서는 기꺼이 무지해 보일 수 있어야 한다." 인생에서 가치 있는 뭔가를 이루고 싶은가? 그렇다면 당신은 모든 뉴스나 유행을 따라잡을 수가 없다.

많은 사람이 운동하거나 요리할 시간이 없다고 핑계를 대면서도, 하루에 수십 장의 사진을 인스타그램에 올리거나 매일 텔레비전을 보며 시간을 보낸다. 다시 말하지만, 문제는 시간이 아니라 우선순위다.

> 그럴 만한 일들보다 자잘한 일들에
> 더 많은 시간을 들이지 말라.
> • 마르쿠스 아우렐리우스

수많은 회사가 당신의 관심을 끌고 당신의 행동을 조작하는 방법을 알아내기 위해 엄청난 돈을 투자한다. 거기에 넘어가지 말라. 당신의 주의력을 모아서 올바른 방향, 즉 중요한 목표에 쏟아라.

마르쿠스 아우렐리우스가 말했듯이 "모든 행동에 들이는 주의력은 그 가치와 일치해야 한다." 쓸모없는 일에 많은 시간을 할애하면, 좋은 결과를 기대할 수 없다.

> 아주 작은 행동들조차
> 하나의 목표를 향해야 한다.
> • 마르쿠스 아우렐리우스

고대 로마 사람이었던 마르쿠스 아우렐리우스는 소셜미디어 SNS의 유혹이나 바이러스와 같은 동영상의 폭격에 노출될 일이 없었지만, 그가 주의를 쏟아야 할 일들은 오늘날 우리의 것들을 능가했다. 당시 로마의 대중은 검투사 경기와 서커스, 기타 엔터테인먼트로 주의가 산만해졌지만, 그는 이러한 산만함을 최소화하기 위해 매일 고군분투하며 자기 임무에 집중했다. 당신도 그처럼 해야 한다.

오늘날 기술의 발전으로 생겨난 오락은 중독성이 있다. 오락은 우리에게 즉각적인 즐거움을 주지만, 보통 장기적으로는 불만족을 낳는다. 아무도 텔레비전 시청에 많은 시간을 보내길 바라지 않는다. 자신이 자랑스러워하는 일을 이루고, 진정으로 소중히 여기는 일에 더 많은 시간을 보내기를 바랄 것이다.

그렇다고 계속 바쁘게 보내야 한다는 뜻은 아니다. 휴식과 이완의 한 형태로서 계획된 오락은 도움이 될 뿐만 아니라, 꼭 필요하다. 문제는 이런 오락이 우리 일상의 대부분을 차지함으로써 우리가 실제로 목표를 위해 해야 할 활동을 하지 못하게 될 때 발생한다.

'아니오'라고 말하는 법을 배우라

주변의 산만함을 제거하는 것과 더불어, 우리는 다른 사람의 요구로부터 자신을 보호해야 한다. 약속을 제한하고, 불합리한 요청은 거부해야 한다. 당신의 시간이나 관심거리를 쉽게 포기하지 말라. 우리는 다른 사람들에게 나쁘게 보이고 싶지 않아서 '아니오'라고 말하기를 꺼린다. 하지만 다른 사람들에게 '예'라고 말할 때마다, 당신 자신에게 '아니오'라고 말하는 거라고 생각하라. 당신은 어떤 우선순위를 따르는가? 당신의 것인가, 아니면 남의 것인가?

다른 사람이 당신에게 요구하는 시간이 작은 것처럼 보이지만, 모두 합쳐지면 상당히 많다. 그렇게 당신이 만든 약속은 빚덩이처럼 쌓인다. 그래서 당신이 해야 할 일을 할 때가 되면, 그 시간의 진정한 가치를 깨닫게 된다. '예'라고 말하는 데 따른 미래의 대가보다, '아니오'라고 말하는 데 따른 현재의 대가를 치르는 게 낫다.

> 얼마나 많은 사람이 당신도 모르는 사이에
> 당신 삶의 일부를 훔쳤는가.
> 당신은 근거 없는 걱정과 탐욕스러운 욕망,
> 사교생활에 당신 삶을 얼마나 낭비했는가.
> 그리고 당신에게 남은 시간은 얼마나 적은가.
>
> • 세네카

물론 이것은 다른 사람들을 돕지 말라는 뜻은 아니다. 다만, 자신을 우선순위 중 마지막에 두거나, 다른 사람이 당신의 시간을 마음대로 하도록 놔두지는 말라는 의미이다. 또한 당신이 자기

자신과 잘 지내지 않는다면, 다른 사람에게도 거의 도움이 되지
못할 것이다.

게으름을 털고 일어나는 법
— 지연행동 극복하기

그대는 오늘 잘할 수 있는데도 내일을 선택한다.

· 마르쿠스 아우렐리우스

할 일을 미루는 것은 인생의 가장 큰 낭비다.
즉, 이것은 다가오는 하루하루를 하나씩 내던지는 셈이며
다가올 미래 때문에 주어진 현재를 거부하는 것과 같다.
인생의 가장 큰 장애물은 막연한 기대감을 갖고서 사는 것인데,
이는 내일을 미리 당겨와서 오늘을 잃게 한다.

· 세네카

당신이 미루는 중요한 일들의 공통점은 무엇인가? '하고 싶은 마음이 들지 않는다'는 것이다. 간단히 말해서, 그걸 생각만 해도 불편하고 불안하고 진절머리가 난다. 따라서 이런 느낌을 피하고자 지금 해야 할 일을 미루고 가치가 낮은 일들 속으로 피하면서 주의가 산만해진다.

역설적으로 그 고통을 진정시키는 최선의 전략은 고통에서 벗어나는 것이 아니라, 고통과 직면하는 것이다. 거부 상태에서 실

행 상태로 이동하면, 예상하는 고통이 사라진다. 즉, 문제에 직면하는 것이 곧 해결책이다.

따라서 이런 저항을 극복하면서 생각에서 행동으로 이동하는 전략을 개발하는 것이 필수적이다. 그리고 이것이 이 장에서 보게 될 내용이다.

우리가 뭔가를 미루는 데는 여러 가지 이유가 있는데, 여기에서는 그것들에 대해서 살펴볼 것이다. 우리가 '저항'이라고 해석하는 것은 실제로 명확하지 않을 때가 많다. 많은 경우 우리 계획이 분명해도, 도전이 너무 커서 정체되기도 한다. 많은 경우 실패에 대한 두려움이 첫걸음을 내딛는 데 방해가 된다. 그리고 우리를 막아서는 것은 종종 단순한 게으름일 수도 있다. 이런 모든 장애물과 그 외 많은 장애물에 대해서는 다음과 같은 해결책을 찾을 수 있을 것이다.

목적을 기억하고, 계획을 명확히 하라

아침에 침대에서 일어나기 힘들 때마다
인간의 임무를 다하기 위해 일어나고 있다고 생각하라.
그대가 해야 할 일을 하려고 한다면, 왜 짜증이 날까?
아니라면 그대는 이불 속에서 몸을 따뜻하게 하려고
만들어진 존재인가?

• 마르쿠스 아우렐리우스

스토아학파는 게으름을 견디지 못한다. 마르쿠스 아우렐리우스는 아침에 일어나기가 어려웠지만, 자신의 욕구를 완벽하게 꺾었다. 그가 당시 가장 강력한 사람, 로마의 황제였음을 기억하라. 그는 자신의 임무를 신하들에게 맡기고 계속 잠을 잘 수도 있었지만, 그것이 옳은 일이 아니라고 생각했다. 그에게는 달성해야 할 사명이 있었기 때문이다.

우리가 제국을 통치하지는 않더라도, 우리 삶의 황제이기에 달성해야 할 사명도 있다.

게으름이 당신을 붙잡는다고 느끼는 순간, 당신의 가치들과 삶에서 이루고 싶은 걸 기억하라.

가치 있는 일을 위해 노력하고, 그 가치에 따라 생활하고, 다른 사람들에게 모범을 보이기 위해 노력한 것이 얼마나 자랑스러울지 시각화해보라.

> 당신의 모든 노력이 뭔가를 향하기를 바란다면,
> 당신의 목적지를 계속 주시하라.
>
> • 세네카

당신의 최종 목표를 시각화하면서 계획도 검토해야 한다. 당신의 머릿속에서 다음 단계가 명확하지 않으면, 그 단계에서 바로 실행하지 못하고 망설일 것이다. 당신의 행동 계획은 구체적인가? 그렇지 않으면 다시 구체화하라. 당신이 매일 해야 할 일

　　　　　　　　　　제3장 말이 아닌, 결단력 있는 행동

을 명확하게 알아야 한다. 궁금한 점이 있다면, 전문가를 찾아가라. 당신이 하고 싶은 걸 먼저 이룬 사람의 조언은 도움이 될 것이다.

작게 시작하라

시작이 일의 절반이다.
그런 다음 나머지 절반을 시작하면, 끝나 있을 것이다.
• 마르쿠스 아우렐리우스

목적을 떠올리는 것은 게으름을 이기는 데 도움이 되지만, 때에 따라서 그것이 문제가 될 수도 있다. 이상적 목표와 현재의 자신을 비교하면 격차가 너무 크다는 생각이 들 것이다. 그래서 그 목표를 달성하는 데 따르는 어려움이나 걸리게 될 시간에 대한 걱정을 많이 하게 될 것이고, 그 결과 동기 부여는커녕 당신 자신이 마비될 수도 있다. 하지만 해결책은 간단하다. 큰 것에서 작은 것으로 이동하면 된다. 목적지를 염두에 두되, 다음 단계에만 집중하고, 필요한 만큼 작게 시작하라.

목적의 기준을 높게 설정할수록 이룰 가능성이 줄어들 것이다. 또 아예 시도조차 하지 않을 수도 있다. 하지만 기준을 낮추면 일이 더 쉬워진다. 단순화하면 가장 중요한 사항에 집중할 수 있다. 삶에서 불필요한 것들이 많을수록 정신적 공간은 더 줄어들 것이다.

마음의 평화를 원하면 적게 하고, 꼭 필요한 걸 하라.

• 마르쿠스 아우렐리우스

예를 들어, '한 시간 운동' 대신 '5분 운동'을 계획하라. 또한 식단 전체를 바꾸는 대신 아침 식사만 개선해보자.

그리고 일단 시작해보면, 생각만큼 나쁘지 않다는 걸 깨닫게 될 것이다. 그 결과 5분 운동에서 10분 또는 15분 운동으로 늘려가게 될 것이다. 또는 아침 식사를 개선해서 몸의 변화를 느끼면, 남은 하루도 더 잘 먹고 싶은 마음이 들 것이다.

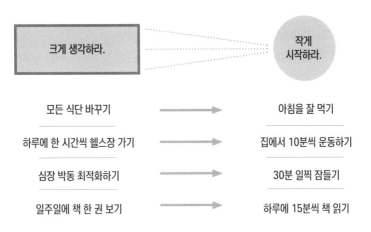

정지한 물체는 계속 정지 상태를 유지하려는 경향이 있다. 하

지만 초기에 살짝 움직여 관성을 만들어놓으면, 그 움직임을 유지하기가 쉬울 것이다. 이것은 뉴턴의 제1 법칙인데, 인간의 행동에도 적용해볼 수 있다. 그 움직임 덕분에 의욕이 높아지고, 활동을 시작할 때 끝까지 해야겠다는 마음이 들 것이다.

좋은 계획을 세울 때 충분한 지식이 없어도 이런 전략을 활용할 수 있다. 당신의 실제 크기를 알고 싶다면, 우선 문제에 직면해야 한다. 행동을 통해서 우리는 추상적 문제를 구체적 도전으로 바꾸게 된다.

올바른 방향으로 나아가는 가장 작은 행동이 무엇인지 자문해보고, 거기서부터 시작하라. 행동하면 명확성을 얻을 수 있고, 새로운 지식을 얻으면 향후 계획의 질도 높아질 것이다. 크게 생각하되, 작게 시작하라.

기준을 낮추라

옳은 일을 하려면 겸손하게 행동해야 하고, 직관을 따르고,
길을 잃거나 덜렁거리는 것처럼 보일 수 있어야 한다.
무언가를 시작하게 해주는 용기와 잘못할 용기를 가져라.
무의미한 삶은 새로운 걸 시도할 수 없다는
두려움으로 특징지어진다.

• 에픽테토스

완벽주의는 미루기의 또 다른 형태이며, 잘못된 자기방어 전략이다. 우리가 완벽할 수 없는데, 왜 그러려고 시도하는가.

불완전함에 대한 두려움에 마비되지 않도록 기준을 낮춰라. 올바른 일을 하기 전에 기꺼이 잘못된 일을 해야 한다. 쉬워지기 전에는 모든 일이 어렵다.

올바른 방향으로 움직이되, 종종 넘어지고 길을 잃을 수 있다는 사실을 기억하라. 완벽해지려고 하는 게 아니라, 이전보다 더 나아지려고 노력하라.

많은 사람은 자신이 서투르거나 잘 따라가지 못한다고 생각해서 헬스장을 두려워한다. 그들은 다른 사람들 앞에서 잘못된 운동을 하는 것이 부끄러워서 결과적으로 아무것도 하지 않는다. 수년간 운동한 사람과 자신을 비교하지 말라. 처음에는 모든 사람이 길을 잃는다. 그러니 실수를 여정의 일부로 받아들여야 한다.

초보자의 눈으로 세상을 바라보라.
자신이 모르는 걸 알게 되는 것과
모르는 걸 인정하는 것에 대해 변명할 필요가 없다.
그러한 사실은 여러분에게 힘을 줄 것이며,
또 어떤 분야에서든 발전하도록 준비시켜줄 것이다.

• 에픽테토스

이 잘못된 완벽주의의 부산물은 '행동하기 전에 모든 정보를 가지고 있어야 한다'는 생각이다. 배우는 것도 중요하지만, 더 중요한 것은 배우고 있는 것으로 뭔가를 하는 것이다.

어떤 분야든 파헤쳐보면 수많은 의견과 세부 사항을 발견하게 될 것이다. 다양한 옵션들과 접근 전략들이 있다. 하지만 이런 분석 때문에 종종 결과를 얻지 못한다. 만일 모든 정보를 얻을 때까지 기다린다면, 절대 아무것도 시작하지 못할 것이다.

첫발을 내딛는 데 필요한 완벽한 계획을 세우려고 하지 말라. 그런 계획이 필요하다면 평범하고 불완전한 계획으로 시작하라. 당신은 당신이 얻는 새로운 정보와 결과에 따라 그 계획을 더 좋게 만들 것이다.

평범한 계획에 이어 평범한 행동은 머릿속에 머무르는 완벽한 계획보다 더 나은 결과를 낳는다.

감정과 상관없이 행동하라

실제로는 매우 간단하다.
만일 뭔가를 하겠다고 하면,
그걸 하면 된다.

• 에픽테토스

그대는 뭔가를 하거나 체험하는 대신

기분이 좋아지려고 태어났는가?

식물, 새, 개미, 벌 들이 얼마나 불평 없이 일하는지,

최선을 다하는지 보이지 않는가?

그대는 인간의 임무를 수행할 마음의 준비를 갖췄는가?

• 마르쿠스 아우렐리우스

이전 장(명확한 시각화)에서 우리는 다양한 감정을 탐색하고, 이를 조절하는 방법을 배웠다. 하지만 우리는 감정을 완전히 제어할 수는 없다. 이러한 이유로 감정과 행동은 별개이고, 항상 일치할 필요는 없음을 이해하는 것이 중요하다.

예를 들어, 긍정심리학자들은 대개 행동에 동기가 필요함을 강조하고, 특정한 '느낌'이 없이는 행동할 수 없다는 생각을 바탕으로 일에 대한 동기를 높이려고 한다. 하지만 이것은 거짓말이다. 우리는 감정과 관계없이 옳은 일을 할 수 있다.

물론 기분이 좋을 때 뭔가를 하기가 더 쉽지만, 다음과 같은 두 가지를 분리하는 법을 배워야 한다. 하나는 감정이고, 다른 하나는 행동이다. 그리고 당신을 정의하는 것은 당신의 감정이 아니라 행동이란 걸 잊지 말아야 한다.

이전 장에서 감정을 다스리는 방법에 관해 이야기했을 때, 반응이 없어도 느끼는 법을 배울 수 있다는 걸 알았다. 마찬가지로 우리는 그렇게 느끼지 않아도 행동하는 법을 배울 수 있다.

그대의 인생 목적이 편안하게,
아무 노력도 하지 않는 것인가?
그대는 쉬운 일을 하기 위해 태어났는가?

• 마르쿠스 아우렐리우스

옳은 일을 하고 싶다는 느낌이 올 때까지 기다리지 말라. 문제에 대한 해결책을 미루지 말라. 물론 동기 부여는 행동을 촉진하지만, 매번 그 변덕스러운 특징에 의존할 수는 없다. 당신은 그러고 싶은 마음이 들지 않더라도 기꺼이 옳은 일을 하는 법을 배워야 한다.

우리는 "생각하는 걸 말하고, 느끼는 방식에 따라 행동하라!"는 메시지를 수없이 많이 받는다. 하지만 그것이 잘못일 경우가 많다. 진정성의 개념은 과대평가되었다. 당신은 진료를 받을 때 실제 외과 의사를 찾는가, 아니면 전공의를 찾는가? 당신은 기분이 좋을 때 잘 행동하는가, 아니면 매번 잘 행동하는가? 강조하지만 진정성 있는 것보다 전문적인 것이 낫다. 전문가는 자신의 감정과 관계없이, 옳은 일을 말하고 하는 사람이다. 당신의 감정은 종종 거짓말을 한다는 걸 잊지 말라.

신체 개선에 관해서는 진정성 있게 노력하지 말고, 전문적으로 행동하라. 운동하고 싶은 마음이 들지 않는가? 그럴 마음이 생기지 않아도 운동하라. 건강한 식단을 준비할 의욕이 떠오르지 않는가? 그런 동기가 생기지 않아도, 건강한 식단을 준비하

라. 많은 사람이 자기 일에서 전문가처럼 행동하면서도, 신체 관리에 있어서는 똑같은 전략을 적용하지 않는다.

전문가가 된다는 것은 최상의 상태로 행동하는 걸 의미한다.

감정은 순간적이지만, 행동은 지속된다는 사실을 기억하라. 우리는 영감을 주는 업적을 바라볼 때, 그걸 이룬 사람이 동기를 부여받았는지, 그럴 마음이 있어서 행동했는지는 묻지 않고, 단순히 결과만 본다. 또한 대개 행동이 동기를 일으키지, 동기가 행동을 일으키지는 않는다. 행동함으로써 결과를 얻게 되고, 그 결과는 당신이 계속하도록 동기를 부여한다. 행동은 결과가 아니라 동기를 부여한다.

예를 들어, 신체 훈련을 시작하면 몸에 열이 오르고 신체의 저항력도 감소한다. 생리학적인 것에 따라 행동함으로써 심리학적인 것을 변화시킨다. 즉, 신체를 활성화함으로써 감정과 생각을 수정한다. 행동은 부정적인 감정의 에너지를 떨어뜨리고, 부정적인 감정은 가치 있는 것에 몰두하면 빠르게 감소한다.

감정과 행동을 분리하는 이 능력의 효과는 매우 강력하고, 다른 여러 측면에도 적용할 수 있다. 예를 들어, 우리를 마비시키는 것은 게으름이 아니라 두려움인 경우가 많다. 이 경우 두려움이 사라질 때까지 기다리지 말고, 두렵더라도 행동해보라. 그러면 행동 자체가 두려움을 줄여준다. 당신이 그토록 두려워했던 것이 실제로는 생각만큼 나쁘지 않다는 걸 깨닫게 될 것이다. 또는 실제로 두려웠다면 당신을 두렵게 하는 것과 직면함으로써 스스로 강해질 수 있다.

당신이 생각했던 것만큼 끔찍하지 않다는 걸 깨닫게 될 뿐만 아니라, 당신 자신에 관한 생각도 바뀐다. 그리고 이를 계속 반복하면 두려움에 대한 반응이 강화된다. 즉, 저항을 극복할 때마다 자신감과 자존감이 향상된다. 그리고 기대하고 행동으로 옮길 때마다 다시 달성할 확률은 높아지고, 예상되는 불편함은 점점 줄어들 것이다.

반대로, 불편함이나 저항감을 느낄 때마다 행동을 멈추면, 이 반응도 강화될 것이다.

마찬가지로 행동으로 옮기기 전에 완전히 준비되었다는 느낌이 들 때까지 기다리지 말라. 그런 순간은 절대로 오지 않는다. 물론 가급적 많이 준비해야 하지만, 완벽한 준비란 존재하지 않는다. 올바른 식사 또는 운동을 시작하기 위해 6개월 동안 영양·훈련 일정을 계속 읽을 필요는 없다. 물론 계속 학습하되, 준비가 안 되었다고 느끼더라도 배운 내용을 계속 실천으로 옮겨라.

요컨대 행동하기에 이상적인 마음의 상태가 올 때까지 기다리지 말라. 게으름이나 두려움이 생겨도 올바른 일을 하라. 당신의 삶을 변화시키는 것은 생각이나 감정이 아니라 행동이다. 필요에 따라 게으르거나 두렵거나 의심스러워도 행동으로 옮겨라.

행동을 계획하라

스스로에게 "내일 해야지"라고 말했던
모든 시간을 떠올려보라. 시간이 제한되어 있으니,
매 순간을 현명하게 사용하라.

• 마르쿠스 아우렐리우스

하려는 일이 더 분명할수록 실행 가능성도 커진다. 예를 들어, "아침 7시, 헬스장 가기"라는 일정을 계획하면, 생각보다 더 많이 가게 될 것이다.

이런 의미에서 매우 강력한 심리적 도구는 소위 '실행 의도'이다. 이것은 기본적으로 특정 상황에 대한 대응을 계획하면서 구성된다. "만일 상황 X가 발생하면, Y로 응답할 것이다." 몇 가지 예를 들어보자.

- 알람이 울리면, 침대에서 나올 것이다.
- 식당에서 식전 빵이 나오면, 치워달라고 요청할 것이다.
- 저녁 식사를 마치면, 30분 동안 걸을 것이다.
- 밤 11시에는 모든 디지털 기기를 *끄고* 잘 것이다.

너무 단순한 기술이라 무시하고 싶을 수도 있지만, 수많은 연구에 따르면 이것이 우리의 행동을 바꿀 수 있다. 우리는 무의식중에 "저녁 식사 후에 산책하러 갈까? 아니면 넷플릭스 드라마를 볼까?"라는 다양한 옵션 사이에서 끝없이 갈등한다. 간단한 자동 응답 동작을 만들면, 뇌에서 그 옵션이 눈에 띄게 되어서 그걸 선택할 가능성이 커진다.

보상을 통합하라

우리 마음의 긴장감을 유지하지 말고
쉴 수 있는 공간을 만들어야 한다.
적당한 쾌락은 마음을 이완시키고 균형을 가져온다.

• 세네카

복잡한 목표를 달성하려면 시간이 걸린다. 어떤 유형이든 보상을 무기한 연기하면 뇌의 저항이 증가하여 끝까지 따르기가 어려워진다. 작게 시작하되, 따라가는 과정 중에 작은 보상을 넣어주어야 한다.

이것은 목표를 달성하기 위한 전략 중 하나임이 과학적으로 검증되기도 했다. 그러니까 실행하기 쉬운 기술인 소위 '유혹 꾸러미'이다.

✦ 1단계, 해야 할 일(미루는 경향이 있는)과 즐기는 일(하지만 미래의 목표에는 도움이 안 됨)이라는 두 가지 목록 만들기.

- 2단계, 목록마다 해야 할 일과 원하는 일을 포함하는 꾸러미 만들기.
- 3단계, 해야 할 일을 할 때, 원하는 걸 할 수 있음.

이런 식으로 미래를 개선해나가면, 현재에 즉각적 보상이 제공되어 지연행동도 줄어든다. 몇 가지 예를 들어보자.

- 운동하는 동안에 텔레비전 드라마 시청하기.
- 훈련하는 날에 좋아하는 맛의 셰이크 마시기.
- 체육관에 있을 때 (또는 산책하는 동안) 좋아하는 음악을 듣기.
- 5일 연속 식이요법을 하고 난 후에는 좋아하는 디저트를 먹기. 또는 그렇게 오래 기다릴 수 없다면 열량 목표를 달성할 때만 매일 작은 소원을 들어주기.

분명히 제한선은 있다. 현재의 손해가 미래의 이익보다 크다면 결과는 부정적이지만, 약간의 상상력만으로도 우리에게 유리한 행동 조합을 많이 찾을 수 있다.

이 전략을 이용하면 특정한 단기 목표도 달성할 수 있다. 직장에서 잠재적 구매자에게 전화를 열 번 해야 한다면, 일을 절반 마쳤을 때 자신에게 커피를 사주라. 해야 할 일을 한 것에 대한 보상으로 원하는 내용을 활용하라.

제3장 말이 아닌, 결단력 있는 행동

협업의 동지 만들기

당신을 개선해줄 사람들과 협력하라.
당신이 개선해줄 수 있는 사람들을 환영하라.
그 과정은 상호적인데, 사람은 가르치면서 배우기 때문이다.

• 세네카

우리는 무의식적으로 좋은 것이든 나쁜 것이든 우리를 둘러싼 환경에 영향을 받는다. 우리가 자신의 가치를 명확하게 알수록 외부 영향에 대한 면역력도 더 높아진다. 하지만 어쨌든 환경은 항상 우리에게 영향을 미친다.

스토아학파는 우정을 가장 중요하고도 선호하는 중립적 요소 중 하나로 간주했다. 하지만 그들의 우정은 선택적이었다. 그들은 어떤 사람들이 우리의 개선 과정이 더 쉽게 진행되도록 도와주고, 또 어떤 사람들은 그걸 방해한다는 걸 알고 있었다.

스토아학파는 어디에서나 어떤 친구와도 발전할 수 있으므로 환경을 핑계대지 말라고 했다. 하지만 비슷한 목표를 공유하는 사람들과 함께하라고 권했다. 모든 변화는 혼자서 하기보다 함께할 때 더욱 쉽게 이룰 수 있기 때문이다.

스토아학파는 강력한 사회적 책임을 갖고 있었지만, 동시에 대중과 일정한 거리를 두었다. 그들은 우리가 군중 속에서 '원하지 않는 행동들'을 모방함으로써 자신의 정체성을 잃을 수 있다고 경고했다. 그들은 대중을 거부하지 않았지만, 선호하지도 않는 것들을 받아들이지는 않았다. 따라서 세네카는 고독과 교제를 번갈아가며 하라고 제안했다.

> 고독과 군중 속에 있는 걸 번갈아가며 해야 한다.
> 전자는 다른 사람을, 후자는 우리 자신을 그리워하게 한다.
> 하나는 다른 하나를 위한 치료법이 될 것이다.
>
> • 세네카

절제는 개인적 싸움이지만, 사회 집단의 영향을 많이 받는다. 습관은 한 사람에게서 다음 사람으로 세균처럼 퍼진다. 예를 들어, 당신이 속한 집단 사람들이 뚱뚱해지면, 당신의 체중도 늘어날 가능성이 커진다.

불행히도 우리 사회에서는 나쁜 습관이 사회적으로 용인된다. 즉, 아무도 아침에 기름진 크루아상 빵을 먹거나, 종일 앉아 있거나, 매일 술을 마시는 사람을 이상하게 보지 않는다.

하지만 다행히 나쁜 습관뿐만 아니라 좋은 습관도 빠르게 전염된다. 그래서 습관을 개선하는 가장 효과적인 방법은 같은 행동을 하길 원하는 집단 속으로 들어가는 것이다.

다른 사람과 거리를 두는 것이 아니라 목표가 무엇인지 결정하고, 목표를 달성하는 데 도움을 줄 만한 사람들과 더 많은 시간을 보내는 것이 중요하다. 자주 운동하거나 주말에 산을 오르는 사람들 속에 있다면, 그런 습관을 가지기가 더 쉬워질 것이다.

만일 당신 주변 친구들이 퇴근 후 술을 마시고 토요일을 취해서 보낸다면, 당신은 원하는 길을 가기가 훨씬 더 힘이 들 것이다.

> 더러운 것과 접촉하면 결국 더러워진다.
>
> • 에픽테토스

즉 스토아학파는 우리가 변화의 과정을 공유하지 않는 사람들에게 인내심을 갖고 관대해야 한다고 강조했다. 즉, 그들이 우리와는 다르게 행동한다고 해서 그들에 대한 애정을 잃어서는 안 된다.

> 그대의 길을 가다 보면, 사람들이 그 길을 막으려고 할 것이다.
> 하지만 그들은 그대의 옳은 일을 막을 수는 없을 것이다.
> 따라서 그대는 그들에 대한 애정을 잃어서는 안 된다.
> 항상 옳은 일을 하되, 그대의 길을 방해하거나 어려움을 주는
> 사람들에게 친절을 유지하면서 양쪽 면에서 경계하라.
> 화를 내는 것은 길을 버리거나 포기하는 것과 같은 약점이다.
>
> • 마르쿠스 아우렐리우스

요컨대 특정한 사람들이 그걸 좋아하지 않더라도 당신의 길을 포기할 필요는 없다. 하지만 그들이 당신의 길을 좋아하지 않는다는 이유로 그들을 포기해서도 안 된다. 화를 내지도, 그들과 싸우지도 말라. 결국 많은 사람은 당신이 얼마 전에 있었던 그곳에 있기 때문이다. 따라서 새로운 이상을 공유하는 사람들과 더 많은 시간을 보내는 편이 낫다.

노력만큼 휴식도 챙겨라

우리는 때때로 마음을 풀어줘야 한다.
휴식 후에는 더 열심히 일하게 될 것이다.

• 세네카

한 가지 활동에 일정 시간 이상 집중하는 건 불가능하다. 하는 일에는 온전히 집중해야 하지만, 그러고 난 후에는 머리도 휴식이 필요하다.

기계는 쉬지 않고 움직일 수 있지만, 사람은 그럴 수가 없다. 만일 우리가 생산성에 집착하면, 우리는 모든 자투리 시간마다 다른 작업을 추가하려고 노력할 거고, 그러면 항상 할 일이 더 생길 것이다. 이 전략의 문제점은 생각이 고갈되어 효율이 떨어지고, 포기의 위험도 증가한다는 점이다.

신체도 마찬가지이다. 훈련하고 나면 근육도 휴식이 필요하다. 열량이 부족하면 신진대사를 재활성화하고, 식욕을 돋우기 위해 열량을 높여야 한다. 그리고 필요한 휴식을 하면, 이 과정을 보다 오래 견디고 또 지속할 수 있게 된다.

스토아학파는 개선을 위해 매일 노력해야 한다고 했지만, 적절한 휴식의 중요성도 알고 있었다. 당신의 가치들을 회복하기 위해서라면 잠시 텔레비전을 보거나 인스타그램을 하는 것도 괜찮다.

하지만 많은 사람이 몸과 마음을 새롭게 하지 않는 게 아니라, 단지 책임을 회피하기 위해 일을 멈추고 휴식하기도 한다. 당신이 자신과 미래를 위해 하루에 얼마나 많은 시간을 소비하는지, 그리고 휴식 시간으로 얼마나 많은 시간을 소비하는지 평가해보라. 일하는 시간보다 휴식하는 시간이 지나치게 많다면, 목표와 우선순위를 재고해야 한다.

나는 그대에게 말한다.
본성이 그대에게 요구하는 걸 하라고.
그러면 그대는 대답한다. 휴식도 필요하다고….
당연히 본성은 먹고 마시는 것뿐만 아니라
약간의 휴식도 요구한다. 하지만 그대는 이 모든 걸
필요 이상 받아들이고, 정작 해야 할 일을
제대로 하지 못하는 경향이 있다.

• 마르쿠스 아우렐리우스

일과 휴식의 정확한 비율은 때에 따라 다르므로, 각자에게 맞는 올바른 균형을 찾아야 한다. 시간이 지남에 따라 유지되는 중간 정도의 노력은 단기간의 초인적인 노력보다 더 나은 결과를

낼 수 있다. 오아시스에서 휴식을 취할 수 있다면, 사막을 건너기
가 더 쉽다.

운과 우연이 만드는 삶

나는 이 대해大海를 건널 것이다.
단, 아무것도 나를 막지 않는다면….

• 세네카

긍정적 사고는 나름대로 효과가 있지만, 스토아학파는 "당신이 생각한 것은 무엇이든 할 수 있다" 내지는 "불가능한 것은 아무것도 없다"라는 빈 표어에는 속지 말라고 한다.

이전에 보았듯이, 당신의 손에 달려 있지 않은 게 생각보다 많다. 당신은 최상의 계획을 세우고서 완벽하게 실행할 수 있지만, 최종 결과는 일정 부분 운에 달려 있다. 스토아학파는 이런 현실을 반영해서 소위 '후페스하이레시스hupexhairesis'라는 말을 자주 사용했는데, 이것은 '보류 조항'이란 말로 번역될 수 있다.

나중에 기독교인(많은 영역에서 스토아학파의 영향을 받음)은 편지 끝에 'D.V'를 추가했다. 즉, '데오 볼렌테Deo Volente(하나님의 뜻대로)'라는 뜻이다.

한편, 우리는 결과 중 일부가 우리의 통제를 벗어났다는 걸 알고 있다. 이것은 우리가 결과에 집착하지 않고, 통제 가능한 행동에 노력을 집중하는 데 도움을 준다. 따라서 옳은 일을 했다면 결과에 관계없이 만족해야 한다.

또한 최종 결과에 따라 당신의 가치가 정해지는 게 아니라는 사실을 이해함으로써 '안 좋은 결과로 인한 자존감 손상'이라는 위험을 줄일 수 있다. 당신이 통제할 수 없는 요인들은 끝도 없으므로, 때로는 당신에게 유리한 쪽으로 결과가 나오기도 하고, 때로는 그렇지 않기도 한다.

> 현자는 모든 행동의 결과가 아니라 목적을 본다.
> 시작은 우리 손에 있지만, 결과는 운에 따라 다르다.
> 그리고 그 결과는 나에 관한 판단을 바꿀 힘이 없다.
>
> • 세네카

당신은 자신을 믿고 최선을 다해야 하지만, 동시에 당신의 소원이 이루어지는 것이 우주의 책임은 아니라는 사실을 인정해야 한다.

따라서 보류 조항은 시도하지 않는 것에 대한 변명이 아니라, 자기기만(사실과 다르거나 진실이 아닌 걸 합리화하면서 사실로서 받아들이고 정당화하는 현상)을 피하기 위한 전략이다. 모든 것이 예상대로 되지는 않는다는 걸 이해하면, 문제 앞에서 좌절하는 경우도 줄일 수 있다. 즉, 새로운 상황에 빨리 적응하면서 계획을 조정할 수 있게 도와줄 것이다.

제4장

존버, 혹은 훈련 견디기

자신의 목적에 전념하라.
선행을 통해 인격을 세우고,
가치 있는 목표를 추구하는 것에 따른 대가를 치르라.
도전에 직면하면 당신의 강점을 알게 될 것이다.

• 에픽테토스

이전 장에서는 계획에서 행동으로 이동하면서 지연행동과 두려움을 극복하는 데 집중했다. 이번 장에서는 여러 어려움에도 불구하고 계속 좋은 길을 가는 데 도움이 되는 전략을 살펴보자.

살다 보면 우리가 세운 계획을 망가뜨리고 최선을 다하려는 마음을 꺾는 일이 아주 많이 일어난다. 그리고 그때가 바로 스토아학파 수업이 가장 빛나는 순간이다.

　앞에서 보았듯이 스토아학파는 이런 도전에 직면하는 걸 나쁘게 보지 않고, 오히려 자신을 강화하고 훈련 기술을 연습할 수 있는 중립적 사건으로 보았다. 우리는 목표에서 멀어지게 만드는 가장 빈번한 세 가지 측면인 역경과 유혹 그리고 비판에 특별히 중점을 둘 것이다.

삶은 다시 시작할 수 있다
— 자기 실수 용서하기

타인의 실수는 거듭 용서하라.
당신의 실수도 거듭 용서하되,
다음에는 더 잘 행동하도록 노력하라.

• 에픽테토스

우선, 당신이 실패하는 게 정상임을 이해해야 한다. 아무것도 실패하지 않는 유일한 방법은 아무것도 시도하지 않는 것이다. 스토아학파는 끊임없는 개선으로 가는 길이 쉽지 않다는 걸 인식하고서, 각 상황에 잘 대응하는 것이 중요하다고 강조했다. 하지만 외부 행동을 생각하기 전에 '자기 자비Self-compassion(고통스러운 순간에 자기 비난에 빠지지 않고 자신을 너그럽게 이해하고 돌보는 태도)'를 가지면서 우리의 내부를 이해해나가야 한다.

우리는 뭔가를 잘못하면 실패했다고 해석해서 부정적인 자기 대화를 이룰 때가 많다. 예를 들어, 다이어트 식단을 잘 지키지 못하면, 자기의 약점과 자신을 통제할 수 없음에 죄책감을 느끼고 '자기 처벌self-punishment(자신에게 죄가 있다고 비난하고 책망하면서 스스로 벌을 가하는 것)'에 빠지는 경향이 있지만, 이런 채찍

질은 상황을 더 악화시킬 뿐이다. 그것은 스트레스와 불안을 일으켜 폭식처럼 빨리 기분을 풀 거리를 찾게 만든다. 그리고 이런 과정이 계속 반복된다.

이럴 때 세울 수 있는 올바른 전략은 오히려 그 반대다. 자기처벌 대신 자기 자비의 시간을 갖는 것이다. 넘어진 후의 반응은 항상 같아야 한다. 자신을 용서하고 일어나서 계속 앞으로 나아가야 한다. 우리는 사람이 아니라 행동 그 자체를 비판해야 한다. 자신을 처벌하지 않음으로써 절약한 에너지는 행동을 바로잡는 데 사용될 수 있으며, 이는 정말 중요하다.

우리가 넘어질 때,
곧바로 다시 경기하는 걸 아무도 막을 수 없다.
우리는 올림픽처럼 4년을 기다릴 필요가 없다.

• 에픽테토스

게다가 우리의 실수는 상상하는 것만큼 크지는 않다. 우리는 후회나 죄책감 같은 과장된 감정의 결과와 그 영향을 확대하여 해석하는 경향이 있다. 이런 자동적 흐름을 막으려면 이후에 살펴볼 몇 가지 기술을 사용해서 우리의 실수를 멀리서 보는 법을 배워야 한다.

더욱이 실패는 단순히 과정의 일부일 뿐만 아니라, 또한 실패했을 때 가장 많이 배울 수 있다. 우리는 이런 사건들을 실패가 아닌, 단순히 중립적인 (비록 선호하지 않아도) 사건들로 봐야 한다. 실패 때문에 자기 처벌을 하기보다는 그걸 통해 무엇을 이루었고 얼마나 많이 발전했는지 생각해보라.

자신을 용서하는 것은 책임을 회피하거나 실수를 무시하는 게 아니다. 그것들을 통해 배우며 개선해나가는 것이다. 이 평온함을 가지면 과거의 짐을 질질 끌지 않고, 현재의 올바른 행동에 집중할 수 있다.

스토아학파는 여러 편지에서 자신이 저지른 실수와 이를 통해 고친 행동을 공유했다. 벌을 주지 말되, 멈추지도 말아야 한다. 그들은 '삶은 언제라도 다시 시작할 수 있음'을 상기시켰다.

삶은 다시 시작할 수 있다.
그대가 오래전에 본 것들을 새롭게 바라보라.
이것이 삶을 다시 시작하는 방법이다.

• 마르쿠스 아우렐리우스

스토아주의의 원칙들은 당신이 다른 길로 얼마나 멀리 갔든 상관없이 그냥 그 자리에 있다. 따라서 언제든지 돌아와 그것들을 따를 수 있다.

당신의 실패를 새로운 정보로 해석하고, 약점들과 강화해야 하는 부분들을 정확하게 확인하라. 이 새로운 지식을 이용해 당신의 환경과 행동을 조정하라. 또한 다시 실패할 것도 염두에 두

라. 진행 상황 전반을 검토하고, 목표들에 대한 책임을 강화하라.

예를 들어, 어느 오후에 퇴근 후 집에 왔는데 제대로 된 저녁 식사를 준비할 수 없어서 피자를 주문했다. 이것은 건강한 식사를 하겠다는 목표를 이루는 데 전혀 도움이 되지 않지만, 그렇다고 모든 게 끝난 건 아니다. 자신을 비난하는 대신, 일어난 일을 분석해보라. 가장 큰 실수는 무엇인가? 바로, 준비 부족이다. 재발의 위험을 최소화하기 위해 당신이 통제할 수 있는 일은 무엇인가? 일주일의 식단을 계획하고, 항상 집에서 좋은 음식을 할 수 있도록 식자재가 있는지 확인하는 것이다. 또는 출근 전에 미리 저녁 식단을 준비해놓을 수도 있을 것이다. 죄책감이 아니라 책임감을 느껴야 한다.

우주가 무슨 짓을 하더라도 고개를 높이 쳐들어라
― 역경 극복하기

가장 견디기 힘든 것들이 가장 달콤한 기억이 된다.

• 세네카

당신이 불행한 이유는 역경을 겪지 않았기 때문이다.
당신은 적수 없이 살아와서 아무도 그리고 당신조차도
당신이 무엇을 할 수 있는지 모른다.

• 세네카

변화는 모든 상황이 유리할 때도 어렵지만 그렇지 않을 때, 즉 직장 문제, 정서적 붕괴, 가족 상실, 부상, 질병…이 있을 때는 특히 더 힘들다. 삶에서 안 좋은 일들이 벌어질 때, 좋은 철학을 갖는 것의 중요성이 커진다. 이어서 어려움을 극복하는 데 도움이 될 뿐만 아니라, 운명이 당신의 길에 놓아둔 모든 걸 활용하는 데 도움이 될 만한 몇 가지 스토아적 교훈을 살펴볼 것이다.

벌어진 일을 받아들여라

그걸 견딜 수 있다면 견뎌라. 그리고 불평을 멈춰라.

• 마르쿠스 아우렐리우스

첫 번째 단계는 현실을 받아들이고, 일어난 일을 객관적으로 평가하는 것이다. 침착함을 유지하고, 그런 일이 벌어지는 것이 정상임을 이해하라. 다른 많은 사람이 당신과 똑같은 일을 겪어왔고, 겪고 있으며, 겪을 것이다. 따라서 본래 우리 삶에서 벌어지는 일에 대해서는 불평할 필요가 없다. 결국, 외부적인 것들은 모두 중립적이다.

그리고 그런 일이 우리 삶에 부정적 영향을 미치도록 허용해서는 안 된다. 역경은 우리가 선호하지 않는 중립적 요소이며, 우리는 그것을 피하려고 노력할 것이다. 하지만 우리에게 오면 받아들이도록 하자. 역경은 항상 올 것이다.

무언가가 부족하거나 당신에게
불리한 영향을 끼친다고 한탄하는 것은 어리석다.
죽음과 질병, 사고 등 인간에게 영향을 끼치는
모든 것들에 놀라거나 분노해서는 안 된다.
우주가 당신을 무슨 수로 방해하든
머리를 높이 들고 받아들여라.

당신이 피할 수 없는 것 때문에 괴로워하지 말라.

• 세네카

마르쿠스 아우렐리우스는 우리가 살면서 나쁜 일을 겪지 않길 바라는 건 녹색만 보고 싶어 하는 한쪽 눈만큼 어리석다고 말했다. 눈이 가능한 색상 범위를 다 받아들이는 것처럼, 당신도 삶이 주는 경험의 범위를 받아들여야 한다.

실제로 초기에는 화를 내고 슬퍼하는 반응을 보일 수밖에 없다. 이것은 통제할 수 없는 자연스러운 자동 반응이다. 하지만 우리는 가급적 빨리 이전에 말한 감정 조절 기술을 적용해서 부정적인 감정의 소용돌이에 빠지지 말아야 한다. 이런 부정적인 감정과 그로 인한 행동은 실제로 벌어진 사건보다 훨씬 더 해롭기 때문이다.

실제로 감정적 반응에 의해 잘못된 결정을 내리면 곧 추가적 문제가 생긴다. 출근길에 뭔가에 찔려서 필요 이상으로 화를 내느라 사무실에서 중요한 프레젠테이션을 망친다면, 그 실패의 원인은 찔린 일이 아닌 바로 당신이다.

불만을 더해서 문제를 더 크게 만들지 말라.
당신이 그것에 아무것도 추가하지 않으면,
고통은 좀 더 견딜 만하다.

• 세네카

우리는 종종 영향력이 거의 없는 사건을 두고 화를 낸다. 그럴 때는 화를 내는 대신 그것들을 인정하고 잊어야 한다.

그 오이가 쓴가? 그렇다면 집어던져라.
가는 길에 덤불이 있는가? 돌아서 가라.
그대가 알아야 할 건 이것뿐이다.
이유를 알려달라고 하지 말라.
세상을 이해하는 사람이라면 그대를 비웃을 것이다.
이것은 목수가 작업실에서
톱밥을 보고 화를 내는 것과 마찬가지다.

• 마르쿠스 아우렐리우스

그리고 상황을 있는 그대로 받아들일 때 중요한 점은 비난하지 않는 것이다. 우리는 예상치 못한 일이 생기면 그 일의 원인이 된 사건들을 떠올리는 경향이 있고, 자신을 포함해 모든 관련자를 쉽게 비난한다. "그 사람이 이걸 하지 않았다면, 내가 그렇게 말하지 않았더라면…."

비난은 가장 파괴적인 감정 중 하나인 분노를 낳는다는 사실을 잊지 말자. 자신과 다른 사람들의 실수로부터 배우되, 과거 때문에 애태우지 말라.

철학에 무지한 사람은 자신의 상황에 대해
다른 사람들을 비난한다. 철학도는 자신을 비난한다.
현자는 아무도 비난하지 않는다.

• 에픽테토스

또한 우리의 행복은 일어나는 일보다 우리의 마음가짐에 더 많이 좌우됨을 이해해야 한다. 우리는 조건부 행복에 빠지는 경향이 있다. 즉, 이 문제만 해결하면 행복하리라 생각한다. 하지만 그럴 가능성은 적다. 그 문제를 해결하면 또 다른 문제가 다가올 것이기 때문이다. 이렇듯 인생은 문제의 연속이다. 스토아학파에서는 행복이 내면에서 비롯되고, 외부의 모든 것과는 별개라고 말한다. 따라서 현재의 불완전함 속에서 평정심을 얻어야 한다.

불만을 표출하면 단기적으로는 약간의 해방감을 느낄 수 있겠지만, 그렇게 하면 아무것도 해결하지 못하고, 개선되지도 않는다. 실제로 불만이 종종 상황을 악화시킨다. 불만을 품으면 해결책을 찾는 데 사용할 수 있는 에너지가 낭비될 뿐만 아니라, 시간이 지남에 따라 스트레스와 좌절감도 커진다.

우주는 당신에게 어떤 반감도 없고, 동시에 어떤 호의도 빚지 않았다. 당신의 상황이 어떠하든, 다른 사람들도 그런 상황들을 겪을 것이다. 어떤 사람들은 직장 일 때문에 스트레스가 심하고, 자녀들이 어리거나 또는 해야 할 일에 대한 책임감이 너무 커서 건강을 챙길 시간이 없다고 말한다. 하지만 비슷한 삶을 사는 많은 사람이 자신의 몸을 건강하게 유지할 방법을 찾는다. 자기 상황에 대해 불평하는 대신 바꿀 수 없는 것은 받아들이고, 같은 일을 겪은 사람들이 어떻게 하고 있는지 알아보라. 변명은 금물이다.

> 당신은 있는 상황을 그대로 받아들이고,
> 그것에 대해 가급적 불평을 줄이고,
> 그것으로 인한 이점을 활용하라.
> 건강한 마음이 위로를 찾을 수 없을 정도로
> 쓰라린 상태는 없다.
>
> • 세네카

이것은 당신의 문제를 하찮게 취급하거나 없는 척하라는 게 아니라, 올바른 관점을 갖자는 것이다.

관점을 바꿔라

> 사람들은 사건들이 아니라,
> 그것들에 대한 자기 생각 때문에 혼란을 겪는다.
>
> • 에픽테토스

스토아학파는 올바른 관점을 갖는 부분에 대한 대가들이었다.

따라서 그들의 훈련 중 일부는 각 상황에 맞춰 가장 유용한 관점을 선택하는 것이었다. 그들은 역경과 관련하여 몇 가지 구체적 전략을 제안했다.

우선, 스토아학파는 우리 존재의 하찮음을 상기시켰다. 그들은 우리가 사는 행성 전체가 우주의 작은 점에 불과하고, 다시 우리는 그 행성의 작은 점에 불과하다는 사실을 떠올리게 했다. 그들은 모든 것이 덧없다는 사실과 각 세대가 수십 년 내에 그 전 세대와 어떻게 교체되는지를 바라보라고 제안했다. 역설적으로 하찮은 존재가 되면 우리 문제의 무게가 덜어진다. 우리를 괴롭히는 것도 결국 그렇게 큰 게 아니기 때문이다.

조언을 덧붙이자면, 당신이 그렇게 걱정하는 것이 10일, 10개월, 심지어 10년 뒤에도 중요할지를 생각해보라. 설령 그 중요성이 10년 뒤 사라질 거라면, 굳이 그렇게 오래 기다릴 필요가 있을까? 이제 걱정하지 말라. 이런 시간적 투영은 재앙에 대한 인식을 줄일 수 있다.

또한 스토아학파는 당신의 문제를 일종의 철학적 훈련으로 보라고 제안했다. 일상에서 문제가 생기면, 이것을 통해 당신의 철학을 실천하는 기회로 삼아보라. 문제 중 대부분은 사소한 것이다. 회의에 늦고, 유리잔이 깨지고, 우유가 쏟아지고, 차가 고장이 나는 등… 이런 작은 문제들이 발생하기 전에 자극과 반응 사이를 관통하는 기술을 연습해서 이런 사건들이 생겼을 때 받는 영향을 줄여보라. 그리고 그것들을 역경에 직면한 당신의 힘을 향상시키기 위해 치르는 작은 대가로 생각할 수도 있다. 작은 문제를 다루는 법을 배우면, 나중에 큰 문제를 극복할 수 있다.

가치가 적은 것들부터 시작하라.
즉, 기름을 엎지르고 와인을 도난당했을 때… 이렇게 되뇌어라.
"나는 이렇게 적은 비용으로 마음의 안정과 평화를 산다."

• 에픽테토스

역경을 만났을 때 얻을 수 있는 스토아학파의 또 다른 조언은 다른 사람이 우리와 같은 문제를 겪었을 때 어떻게 대처할지 상상해보는 것이다. 우리는 우리에게 일어난 일과 다른 사람에게 일어난 일을 매우 다르게 바라본다. 다른 사람에게 나쁜 일이 일어나면, 침착함을 더 잘 유지한다. 당신에게 일어난 것과 똑같은 역경이 다른 사람에게 일어날 때, 당신이 어떤 반응을 보일지를 생각하고, 자신에게도 같은 반응을 보이도록 노력하라.

우리는 다른 사람이 비슷한 상실감으로 고통을 받을 때
우리가 어떻게 반응하는지 떠올려야 한다.

• 에픽테토스

또한 그 순간 어떤 실제적 문제가 있는지도 생각해보라. 육체적 고통을 겪지 않는 한, 당신의 문제는 실제로 일어난 게 아니다. 우리가 '문제'라고 부르는 많은 것들은 실제로 몇 분 또는 몇 년 안에 일어날 수 있는 일에 대한 두려움 때문에 일어난다. 그때가 올 때까지 우선 걱정을 미루라.

그리고 스토아학파는 당신이 육체적 고통을 겪고 있다면, 그 고통에서 자신을 분리하는 전략을 사용하는 걸 제안했다. 고통을 자주 겪었던 마르쿠스 아우렐리우스도 그의 글에서 그것들을 다루는 다양한 기술을 설명했다. 예를 들어, 그는 자신의 고통을 일반적 고통이 아닌, 특정 지역에만 있는 고통이라고 상상했다. 또한 시간을 나누었고, 시간이 지남에 따라 고통이 줄어들 것임을 깨닫고서 매 순간 고통을 처리해나갔다. 그는 '자연은 결코 마음이 감당할 수 없는 고통은 주지 않으리'라는 걸 알고 있었다.

에픽테토스는 노예였던 시절, 주인의 학대로 심하게 절름거렸다. 그러나 그는 이러한 한계나 그로 인한 고통을 생각하는 데 많은 시간을 낭비하지 않았다. 그리고 "절름거림은 마음이 아닌, 다리의 장애이다"라고 말했다. 에픽테토스는 장애를 자신이 바꿀 수 없는 사실로 받아들였다. 고통은 그걸 생각할 때 커진다.

고통뿐만 아니라 나머지 문제들에 대해서도 그것들로부터 떨어져 있도록 노력해야 한다. 우리는 걱정을 큰 정신적 혼란으로 녹여내는 경향이 있다. 이는 우리 삶의 한 영역에서 생긴 문제들을 다른 영역들로 전염시킬 수 있다. 당신은 '나누면 이겨낼 것이다'라는 방법을 적용해보아야 한다. 문제를 하나씩 평가하고, 각각에 대한 구체적 전략을 정해야 한다.

당신의 능력을 믿어라

자연은 우리에게 일어나는 모든 일을
견디내도록 우리를 준비시킨다.

• 마르쿠스 아우렐리우스

우리는 생각보다 훨씬 더 많은 걸 견딜 수 있다. 자연은 우리가 큰 역경을 견디도록 준비시켰지만, 우선 우리가 이 능력을 믿어야 한다. 스토아학파는 마음을 어떤 물질이든 먹어 치우는 큰 모닥불로 보았다.

타오르는 불은 그 안에 던져진 모든 것으로
빛과 불꽃을 만든다.

• 마르쿠스 아우렐리우스

가장 큰 절망의 순간에도 그걸 극복할 수 있는 당신의 능력을 믿어야 한다. 같은 일을 겪고도 성공한 모든 사람을 떠올려보라. 그들은 당신과 다르지 않다.

그러나 자신의 능력을 신뢰하는 것뿐만 아니라, 그것들에 대응할 계획도 세워야 한다. 당신은 상황을 개선하기 위해 어떤 구체적 조처를 취할 수 있을까? 어떤 사람들이 비슷한 일을 겪었고, 또 조언을 해줄 수 있을까?

모든 어려움은 우리의 내부에 있는
자원을 들여다보고서 불러낼 기회이다.
우리가 직면한 도전은 우리의 강점을 보여준다.
현자는 문제 너머를 바라보고, 그걸 활용할 방법을 찾는다.
당신은 당신이 알지 못하는 힘을 가지고 있다.
적절한 힘을 발견하라. 그리고 그걸 사용하라.

• 에픽테토스

탄식에서 행동으로 빨리 옮길수록 벌어진 일로 인해 생긴 부정적인 감정을 더 빨리 줄일 수 있다. 한편, 이렇게 상황에 대처할 수 있다고 생각하는 것이 자기 자신을 속이는 일이 아니라는 걸 떠올려야 한다. 만일 상황이 정말 안 좋다면, 그 사실을 있는 그대로 인식해야 하지만, 자신을 무작정 침몰시키는 건 도움이 안 될 것이다.

베트남 전쟁 때 미 해군 조종사였던 제임스 스톡데일^{James Stockdale}은 수년간 스토아철학을 공부했다. 1965년 9월 9일, 그의 A-4 스카이호크 공격기는 적에게 격추되었고, 지상으로 떨어지는 낙하산을 타면서 "나는 에픽테토스의 세계로 들어가기 위해 기술의 세계를 떠난다"고 생각했다. 포로가 된 그는 적에게 계속 괴롭힘과 고문을 당하면서 7년을 보냈다. 하지만 그는 그 철학 덕분에 고통을 견뎌냈을 뿐만 아니라, 수용소의 리더로 떠오르면서 수천 명의 수감자에게 영감을 불어넣었다. 종전 후 자유의 몸이 된 그는 수용소에서 가장 적은 고통을 겪은 사람들이 낙관론자들이었다고 확신했다. 그들은 크리스마스 이전이나 여름 전 또는 예상치 못한 시간에 꼭 풀려날 것으로 생각했다. 그리고 기대가 이루어지지 않았을 때 혼란에 빠졌다. 하지만 그들은 희망을 버리지 않고, 하루하루 역경을 극복하는 데 집중했다.

아무리 힘들더라도 상황을 받아들이고 극복할 수 있는 당신의 능력을 믿어라. 1개월이 걸리든, 1년이 걸리든, 10년이 걸리든, 시간은 중요하지 않다.

문제를 고쳐라

마음은 모든 문제의 상황을 고쳐서,
그걸 목적에 맞춰 사용할 수 있다.
• 마르쿠스 아우렐리우스

스토아학파는 마음을 훈련함으로써 그들에게 일어난 모든 일에서 유용한 점을 발견했다. 그들은 일종의 '마음의 연금술'을 사용해서 장애물을 귀중품으로 바꾸었다.

그 목표는 우리의 본능적 반응을 바꾸는 것이다. 예를 들어, "왜 나야?" 대신, 생산적 반응인 "이걸 어떻게 활용하면 좋을까?"로 바꾸어야 한다.

그것은 '아모르파티amor fati(운명에 대한 사랑)'라는 이전 아이디어의 확장이다. 우리는 운명을 받아들일 뿐만 아니라, 그걸 사랑해야 한다. 우리는 '역경'이라는 재료로 더 나은 것들을 만들 수 있다.

현자는 자신의 문제로 괴로워할까?
아니, 그는 문제를 활용한다.
페이디아스Phidias(고대 그리스의 조각가)는
주로 상아 조각상을 만들었지만, 청동 조각상도 만들었다.
그에게 어떤 재료를 주든,
그는 가능한 한 최고의 조각상을 만들었을 것이다.
이처럼 현자도 운명이 제공하는 재료로 최고의 작품을 만든다.

• 세네카

우리는 벌어지는 일을 객관적으로 판단할 수 있는 능력이 많지 않다. 때때로 단기적으로 좋다고 생각했던 일이 시간이 지남에 따라 우리에게 피해를 준다. 반대로 많은 문제가 교훈이 되어서 오히려 삶에 전반적으로 도움이 되거나 삶을 변화시키는 데 필요한 계기가 되기도 한다. 때때로 막다른 길은 '잠재적으로는 더 나은 다른 길'의 시작이 된다. 그러나 그걸 보려면 주의를 집중해야 한다. 만일 닫혀 있는 낡은 문에만 신경을 쓰면, 열려 있는 모든 새로운 문을 볼 수가 없다.

더 나은 공간을 만들기 위해서는 종종 파괴가 필요하다. 미래를 내다보면서 자신에게 벌어진 일을 어떻게 활용할 수 있을지 생각해보라.

예를 들어, 몸을 다쳤다면, 그것은 더 많은 걸 읽거나 새로운 동작을 연습할 기회가 될 것이다. 그렇게 당신의 신체와 재활 전략에 대해 더 많이 배울 것이다. 심각한 건강 문제는 종종 자신의 몸을 더 진지하게 돌보는 계기가 된다. 역설적으로 질병이 나중에 더 나은 삶을 살 수 있도록 도와주는 셈이다.

사업을 시작했는데 실패했다면 그걸 통해서 배운 교훈을 생각해보라. 뭐든 한 번만에 성공한 사람은 거의 없고, 실패를 통해 끊임없이 배우는 사람만이 마침내 원하는 걸 이루게 된다. 모든 걸 일종의 실험이라고 생각하라. 결과는 중립적이다. 중요한 건 교훈이다. 그리고 모든 지식이 당신을 더 좋게 만들 것이다.

당신은 강해질 것이다

큰 어려움을 극복할수록 더 많은 영광이 따른다.
유능한 선원은 폭풍우 속에서 명성을 얻는다.

• 에픽테토스

바람에 흔들리는 나무는 뿌리가 가장 튼튼하다.
양지바른 계곡에서 자란 나무가 가장 약하다.

• 세네카

만일 당면한 문제에서 좋은 점을 찾을 수 없더라도, 최소한 당신이 강해지고 또 누구인지 보여줄 기회로 해석해야 한다.

> 불은 금을 시험한다. 역경은 사람을 시험한다.
>
> • 세네카

어려운 시기를 겪을 때만 그 사람의 진가를 알 수 있다. 역경은 누군가에게는 최악을, 또 다른 사람에게는 최고를 가져온다. 당신의 경우는 어떤가?

> 상황은 사람을 만드는 게 아니라, 어떤 사람인지를 드러낸다.
>
> • 에픽테토스

스토아학파는 '스포츠의 비유'를 많이 사용했다. 예를 들어, 역경을 '이겨내야 하면서도 동시에 환영해야 하는 경쟁자'로 보았다. 경쟁 상대가 없다면, 우리의 업적도 가치가 없기 때문이다.

> 자신이 위대한 사람이라고 말해도, 당신이 그걸 증명할 기회를 운명이 주지 않는다면, 어떻게 알 수 있을까?
> 그러면 당신은 올림픽에 나가도 유일한 참가자이다.
> 왕관은 얻어도 승리는 얻지 못한다.
>
> • 세네카

스포츠의 비유에 따르면, 우리 근육은 훈련으로 강해지고, 체중에 대한 스트레스를 계속 받으면서 체중을 조절하게 된다. 하지만 만일 훈련하지 않으면 근육이 위축되고, 문제를 해결하지 않으면 마음이 위축된다.

> 역경은 우리를 경쟁자의 수준에 이르게 할 것이다.
> 선원의 몸은 바다의 맹공격으로 강해지고,
> 농부의 손은 굳은살로 강해지며,
> 군인의 팔은 무기로 강해진다. 우리는 훈련으로 개선된다.
> 마음은 역경을 통해서 고통에 도전하는 법을 배운다.
>
> • 세네카

근육이 강해지면 더 많은 무게를 들어올릴 수 있는 것처럼, 우리 마음을 훈련하면 더 큰 역경을 견뎌낼 수 있다. 우리의 적응 능력은 크므로, 연습한다면 불과 몇 년 전만 해도 극복할 수 없는 것처럼 보였던 문제가 사소해 보일 것이다.

> 경험 없는 사람들에게 대부분의 서툶은 새로움이다.
> 익숙해지고 나면 이전에 참을 수 없다고 생각했던 것들을
> 더 용감히 참게 된다.
>
> • 세네카

제4장 존버, 혹은 훈련 견디기

우리가 상황을 보는 방식이 주로 우리의 마음 상태와 반응을 결정한다. 스토아학파에 따르면, 한탄과 불평은 아무런 도움이 안 되고, 문제만 확대할 뿐이다. 스토아학파는 낙담하지 않고서 문제에 직면하는 것만이 불행을 행복으로 바꾸는 길이라고 생각했다.

"이런 일이 내게 벌어지다니, 나는 얼마나 불행한가!"
전혀 그렇지 않다. 오히려 "나는 운이 좋다.
이런 일이 벌어져도 현재에 압도당하지 않고,
미래에 일어날 일도 두려워하지 않으리니"라고 말하라.
역경은 불행이 아니다. 역경을 용기 있게 극복하면
역경은 행운이 된다.

• 세네카

목적이 있는 삶은 종종 스트레스가 많은 삶이다. 따라서 목표는 반드시 스트레스를 줄이는 것이 아니라, 스트레스에 대처하는 능력을 높이는 것이다.

우리는 모두 살면서 좋은 이야기만 생기길 원하지만, 좋은 이야기가 생기기 위해서는 어려운 순간들이 필요하다. 항상 편안한 삶을 사는 사람 이야기를 보기 위해 영화관에 가는 사람은 없다. 성장하고 가치 있는 삶을 살기 위해서는 일정 수준의 역경에 맞서고, 또 그걸 극복해야 한다.

위험 없이 이기는 것은 영광 없이 이기는 것이다.

• 세네카

　이런 모든 생각들은 오늘날 심리학 용어로 '외상 후 성장post-traumatic growth, PTG'이라고 한다. 가장 힘든 사건은 때때로 우리에게 가장 많은 가르침을 주는 사건이 된다. 그것들은 우리가 알지 못했던 우리의 숨겨진 능력을 밝혀준다. 우리가 그걸 인식하면 자신을 바라보는 방식이 바뀌고, 자신감이 높아지며, 미래에 대한 불안도 줄어든다. 또한 역경은 종종 우리의 인간관계를 정리해준다. 그것은 중요한 관계를 더 긴밀한 관계로 만들고, 중요하지 않은 관계는 멀어지게 해준다. 마지막으로 보통 이것은 개인의 우선순위와 철학에 변화를 준다. 예를 들어, 죽음에 가까운 사람들은 더 의식적으로 살고, 매 순간 더 많은 가치를 얻어낸다.

도움을 요청하라

도움을 요청하는 걸 부끄러워하지 말라.
그대에게는 성벽을 공격하는 군인처럼
이루어야 할 임무가 있다.
그리고 다치면 전우에게 의지해야 한다!

• 마르쿠스 아우렐리우스

만일 역경에 대처할 수 없다면 도움을 요청하라. 당신에게 무슨 일이 일어나든 수천 명이 이미 같은 일을 겪었기에 그중 누구에게든 조언을 얻을 수 있다. 그들이 당신을 직접 도울 수 없다고 하더라도, 정신적 지원이라도 해줄 것이다. 문제란 나누면 줄어든다. 우리는 생물학적으로 도전과 재난을 극복하는 준비에는 익숙하지만, 단절되는 데는 미숙하다.

당신이 다른 사람들에게 부담을 주고 있다고 생각하지 말라. 우리 모두 도움을 진심으로 필요로 하는 사람들을 돕고 싶어 한다. 우리 자신이 유용한 사람이라고 느끼는 것이 우리 삶의 목표이기도 하다. 어서 도움을 받도록 하자.

쾌락이 임계량을 넘어서면 벌로 변한다

— 유혹 극복하기

자유는 욕망을 만족시키는 것이 아니라,
그걸 제거함으로써 달성된다.

• 에픽테토스

당신의 삶에 충동이 가득하면 좋은 삶을 살기가 어렵다. 체중 감량을 시도하고 있지만, 초가공식품의 유혹을 극복할 수 없다면, 원하는 결과를 얻지 못할 가능성이 크다.

욕망을 지배하는 것은 이미 초기 스토아 시대에도 큰 도전이었다. 그래서 스토아학파는 이를 극복하는 전략을 생각하는 데 많은 공을 들였다. 오늘날에는 우리를 유혹하는 것들이 너무 많아서 그걸 참기가 더 어렵다. 예를 들어, 건강에 해로운 음식에 계속 노출되고, 좌식 생활도 많이 하게 된다. 그것들은 즐거움과 편안함으로 우리를 끊임없이 유혹한다. 그리고 우리가 여기에 굴복하면, 이러한 외부 요소의 노예가 된다.

많은 사람이 그런 유혹을 억누르려고 하지만, 그렇게 하는 건 전반적으로 안 좋은 전략이다. 역설적으로 생각을 억누르면, 그 생각이 오히려 강화된다. 깨어 있으려면 '잠자겠다'는 생각을 하는 것만큼 좋은 방법이 없다. 그러므로 우리는 이런 생각을 탐구하고 극복하기 위해 다른 방법을 적용해야 한다. 목표는 자체 검열이 아니라, 우리의 행동과 신념을 일치시키는 것이다.

유혹에서 벗어나 건강한 삶을 살려면, 욕망을 조절하는 법을 배워야 한다. 이를 달성하는 데 필요한 몇 가지 금욕적 전략을 살펴보자.

1. 욕망의 불만족을 이해하라.
2. 유혹에 넘어갔을 때의 결과를 평가하라.
3. 인지 거리를 달성하라.
4. 당신의 대응을 계획하라.
5. 환경을 바꾸라.

욕망의 불만족 이해하라

욕망이 사라지기를 기다리지 말라.
그 순간은 절대로 오지 않을 것이다.
이전 욕망이 끝나면 새로운 욕망이 나타날 것이다.

• 세네카

스토아학파는 보상 시스템이나 그걸 조절하는 신경 전달 물질의 복잡성을 알지는 못했지만, 욕망과 유혹의 관계에 대해서는 완벽하게 알고 있었다.

스토아학파는 욕망과 쾌락이 끝이 없음을 알고 있었다. 쾌락은 짧고, 욕망은 금방 다시 나타난다. 또한 계속해서 그것에 굴복하면 마음이 진정되지 못할 뿐만 아니라, 결국 그걸 다시 영양분으로 삼게 된다. 즉, 같은 만족을 얻으려면 점점 더 많은 자극이 필요하다.

순진하게도 우리의 마음은 다음 욕망을 만족시키고 나면 괜찮아질 거라고 믿는다. 하지만 그렇지 않다. 그 욕망 후에는 또 다른 욕망이 생긴다. 욕망의 끝이 없어 보이고, 그래서 우리는 항상 불안하다.

> 사람들이 가장 소중히 여기고 열심히 노력하는 것은
> 일단 이루어져도 만족스럽지 못하다.
> 그것이 없는 사람들은 일단 그걸 갖게 되면
> 기분이 좋을 거라고 상상한다.
> 그러나 그것들을 성취하면서 욕망은 계속되고,
> 불안도 계속되고,
> 가진 것에 대한 무관심도 계속되고,
> 가지고 있지 않은 것에 대한 욕망도 계속된다.
>
> • 에픽테토스

만일 당신이 다이어트 중인데 쿠키를 너무 먹고 싶다는 욕망이 있다면, 당신의 머리는 쿠키를 먹으면 큰 쾌락을 얻을 거라고 상상한다. 하지만 실제로는 그렇지 않다. 그 쾌락은 생각보다 빨리 사라지고, 당신에게는 후회만 남게 된다. 이 자연스러운 불만족에 대한 기억은 유혹에 넘어가지 않는 데 도움이 될 것이다. 욕망은 쾌락이 지킬 수 없는 약속을 한다. 욕망이 당신을 속이고 있다는 걸 깨닫는 것은 욕망에 관심을 덜 기울이는 데 도움이 될 것이다.

> 우리는 뭔가를 바랄 때는 그것의 장점만 보고,
> 그걸 이루어야 할 때는 그것의 단점만 본다.
>
> • 세네카

즉, 스토아학파는 쾌락 그 자체를 거부하지 않고, 우리가 통제할 수 있는 한 적당히 즐기길 권한다.

> 쾌락이 특정 임계량을 초과하면 벌로 변한다.
>
> • 마르쿠스 아우렐리우스

스토아학파는 외부 자극에서 오는 쾌락과 옳은 일을 하면서 얻는 쾌락을 더욱 구별했다. 전자는 일시적이지만, 후자는 지속적이다. 궁극적 목표는 유혹에 저항함으로써 만족을 얻는 방법을 배우는 것이다.

유혹에 넘어갔을 때의 결과 평가하라

당신이 쾌락의 유혹을 받을 때, 그것에 끌려가기 전에 기다려라.

머릿속으로 두 가지 상황을 상상해보라.

첫 번째는 초기의 즐거움이고, 두 번째는 나중의 후회이다.

그런 다음 그 후회를 유혹에 넘어가지 않았을 때의

쾌락이나 만족과 비교하라.

• 에픽테토스

인생에서 중요한 일을 성취하기 위해서는 미래를 소중히 여겨야 하며, 그것은 현재에서의 희생을 의미한다. 욕망의 문제는 그것이 단기적 이익을 강조하고, 미래의 위험을 숨기는 역효과가 있다는 점이다.

스토아학파는 에픽테토스의 조언에 따라 욕망에 대응하기 위해 기대하는 것과는 반대인 상황의 전개를 생각해볼 걸 제안했다. 즉, 욕망을 일으키는 행동(예, 흡연)에 대해 생각하는 대신, 행동 직후, 후회할 때, 그리고 건강이 악화되는 미래의 순간을 생각하라. 그리고 유혹에 빠지지 않음으로써 단기적으로 느낄 자부심과 장기적으로 얻을 수 있는 건강상의 이점들도 생각해보라.

즉, 우리는 욕망의 대상을 덜 생각하고, 그걸 얻는 데 따른 결과에 대해 더 많이 생각하면서 초점을 바꾸어야 한다. 또한 미래의 목표를 시각화함으로써 그것에 대한 욕구를 증가시키고, 욕망의 에너지를 우리에게 유리하게 사용해야 한다. 우리는 현재의 나쁜 것의 유혹을 줄이기 위해 미래의 좋은 점을 지향한다.

이 과정에는 추가 혜택이 있는데, 그것이 끝날 때까지 당신의 반응을 미루게 된다는 게 그것이다. 당신의 뇌는 외부 자극에 충동적으로 반응하지 않는 데 익숙해져서, 욕망과 반응 사이의 공간을 갖게 된다. 만일 유혹에 넘어가더라도 이런 실천은 긍정적이며, 시간이 지남에 따라 당신의 절제 능력도 향상된다.

인지 거리를 달성하라

맛있는 음식을 먹을 때는 단지 죽은 물고기,
새나 돼지의 사체일 뿐이라고 생각하고,
비싼 와인은 포도를 많이 짠 결과일 뿐이라고 생각하며,
값비싼 겉옷은 연체동물*의 피로 물들인
양털일 뿐이라고 생각하라.
또한 섹스를 발작과 체액의 배설과 함께
살을 문지르는 것일 뿐이라고 생각하라.

• 마르쿠스 아우렐리우스

---

* 자주색 염료를 만드는 데 쓰이는 지중해산 소라고둥이다. 자주색 염료 1.4그램을 얻으려면 소라고둥 1만 2천 마리를 잡아서 맑은 체액을 뽑아야 했다. 그래서 고대에는 오직 귀한 신분의 인물만이 자주색 염료로 염색한 옷을 입을 수 있었다.

소위, '인지 거리'는 정신 건강에 매우 중요한 기술이며, 나중에 좀 더 자세히 다룰 것이다. 욕망을 다스리기 위해서 이것을 구체적으로 적용하면, 유혹에서 분리됨으로써 그걸 멀리서 냉정하게 바라볼 수 있게 된다.

스토아학파에 따르면, 외부 대상은 우리가 그것에 대해 가진 이상화된 이미지만큼 우리를 유혹하지는 않는다. 그 대상을 여러 부분으로 나눔으로써 그 대상이 우리를 지배하는 힘을 약화시킨다.

마르쿠스 아우렐리우스는 그를 유혹하는 모든 것에 이 기술을 적용했다. 와인을 마시고 싶을 때는 그것이 발효된 포도즙에 지나지 않음을 떠올렸고, 최신 유행 옷이 그를 유혹했을 때는 염색물을 들인 별 볼 일 없는 양털일 뿐이라고 말했다.

여기서 우리는 마르쿠스 아우렐리우스가 당시 가장 큰 권력을 가진 사람이었음을 기억할 필요가 있다. 그는 말만 하면 원하는 모든 걸 가질 수 있는 사람이었지만, 욕망에 이끌려 살면 만족스러운 삶을 살 수 없다는 걸 잘 알고 있었다.

식단 이야기로 돌아가서, 초가공식품이 당신을 유혹하거든 그것이 산패한 식물성 기름과 엄청난 양의 설탕과 첨가물, 착색제를 넣은 정제된 밀가루 덩어리일 뿐이라고 생각하라. 그런 것으로 당신의 건강을 위태롭게 만들 것인가? 페이스트리 빵에 대한 순간적 만족이 몸의 편안한 만족감보다 더 가치가 있을까?

다시 반복하지만, 이것은 종종 당신을 유혹하는 음식을 먹을 수 없다는 뜻이 아니라, 의식적 방식으로 통제할 수 있어야 한다는 뜻이다. 우리가 진정 원하는 것은 통제되지 않는 충동의 노예가 되는 삶을 멈추는 것이다.

당신의 대응을 계획하라

현자는 공격을 받기 오래전부터 무장할 것이다.
이미 위험이 나타나면,
이를 견딜 수 있는 마음을 준비하기에는 너무 늦다.

• 세네카

스토아학파는 적이 우리를 갑자기 놀라게 하면 더 많은 해를 입게 된다는 사실을 자주 상기시켰다. 따라서 그들은 장애물이 발생할 때 잘 대처할 수 있도록 미리 마음의 준비를 하면서 장애물보다 앞서 나가라고 제안했다.

이를 위해서는 '실행 의도'라는 도구를 다시 적용할 수 있다. 앞서 살펴본 것처럼 이것은 지연행동을 극복하는 데 도움이 될 수 있지만, 이 경우에서는 유혹의 극복도 돕는다.

이 도구를 적용하려면 잘못된 행동을 하게 만드는 주요 장애물(또는 상황)을 선택한 다음, 원하는 답을 제시해야 한다. 그럼 몇 가지 구체적 예를 들어보자.

+ 식당에서 추가 빵을 주면, 다시 가져가라고 할 것이다.

+ 모임에서 쿠키가 나오면, 내게서 멀리 밀어낼 것이다.

+ 식사 전에 배가 고프면, 물 한 잔을 먼저 마실 것이다.

자기 자신에 대한 약속을 정해놓으면 유혹을 극복하기가 더 쉬워질 것이다. 그리고 늘 그런 것처럼 같은 상황이 발생했을 때 계획한 행동을 반복할수록 그 조합은 강화될 것이다. 또 시간이 지남에 따라 원하는 대로 무의식중에 동작이 나올 것이다.

또한 삶의 한 영역에서 절제 능력을 높이면, 다른 영역들에도 그걸 적용하기가 쉽고, 행동의 선순환도 이루어진다는 사실을 깨닫게 될 것이다.

환경을 바꾸라

스토아학파는 우리가 어느 곳에서나 누구와도 함께 절제할 수 있다고 강조했지만, 이를 위한 더 유리한 특정 환경이 있음도 인정했다.

우리는 자신이 합리적 결정을 내린다고 생각하지만, 우리 행동은 자신도 알지 못하는 수많은 변수의 영향을 받는다. 이렇게 환경은 주요 요인 중 하나이다.

환경이 우리 행동을 만들어간다는 건 전혀 새로운 사실이 아니다. 호메로스의 『오디세이아』에 좋은 예가 나온다. 주인공인

오디세우스는 인어 요괴인 세이렌의 관능적인 노래의 유혹에 굴복하지 않기 위해 돛대에 제 몸을 묶었다. 그는 자기의 약점을 깨닫고, 자기의 의지력에 의존하지 않도록 환경을 바꾸기로 한 것이다.

당신에게 맞는 환경을 만들면 절제가 덜 필요하고, 그 결과 더 생산적인 일에 에너지를 쏟을 수 있다. 먼저 가장 참기 힘든 유혹을 정한 후 거기에 끌려다니는 걸 최소화하기 위해서 환경을 적절하게 바꾼 뒤 실행에 옮겨보라. 예를 들어, 유혹의 대상을 당신의 눈에서 멀어지게 함으로써 접근하기 어렵게 만들라.

만일 당신을 가장 유혹하는 것이 초가공식품이라고 상상해보자. 다음처럼 사항을 변경할 수 있다.

✦ 슈퍼마켓보다 재래시장을 더 많이 이용하라. 재래시장에는 초가공 식품이 더 적다. 보지 않으면 유혹도 줄어든다.

✦ 슈퍼마켓에서 장을 볼 때 신선한 농산물 진열대 쪽으로 곧장 가라. 시리얼·쿠키 파트를 피하라.

✦ 이런 전략이 효과가 없고, 초가공식품이 이미 집에 있는가? 그렇다면 그것들을 쉽게 접근할 수 없는 곳에 보관하라(예, 의자를 놓고 올라가야 꺼낼 수 있는 선반 위).

✦ 유혹을 받을 것 같으면 접시에 따로 담아서 먹어라. 원래 봉지나 용기에 담긴 채로 먹지 말라. 원래 용기에서 직접 꺼내 먹으면 양을 조절하기가 더 어렵다. 시각적 피드백이

없으면 과식하게 된다.

+ 건강에 해로운 걸 냉장고에 보관하는 경우 알루미늄 호일로 포장해서 눈에 잘 띄지 않게 하라. 건강한 음식은 더 잘 보이도록 투명한 용기에 보관하라.
+ 남들에게도 별로 권하고 싶지 않는 음식을 먹을 때는 작은 접시를 사용하라. 이렇게 하면 덜 먹기 마련이다.

만일 텔레비전이 당신의 주의를 산만하게 만든다면 다음 규칙을 적용해보라.

+ 리모컨을 숨긴다. 리모컨이 보이지 않으면, 텔레비전을 켜고 싶은 유혹이 줄어들 것이다.
+ 텔레비전 시청이 끝나면 플러그를 뽑아라. 이 간단한 방법을 사용하면 나중에 켜는 데 약간의 추가 노력이 필요하다. 더 강력한 방법을 사용하고 싶은가? 그렇다면 리모컨에서 배터리를 꺼내 별도의 서랍에 보관하라.
+ 리모컨을 놓았던 자리에 읽고 싶은 책을 놓아라. 우리가 보는 것이 우리가 하는 일을 좌우한다.
+ 넷플릭스에서 다음 에피소드를 자동으로 연결시켜주는 옵션을 끈다. 넷플릭스는 '후재생Post-Play(한 에피소드가 끝나면 5초 뒤 다음 에피소드가 바로 재생되는) 기능'을 도입해서 큰 성공을 거두었다. 전에는 다음 에피소드를 보기 위해

버튼을 눌러야 했다. 하지만 이제는 보지 않기 위해 '종료 버튼'을 눌러야 하는 상황으로 바뀌었다. 차이는 미묘하지만, 넷플릭스는 이 기능을 기본 설정으로 해두었다. 이 작은 변화로 인해 사람들이 시청하는 드라마가 많이 증가했다. 소위 '넷플릭스 효과'의 일부이다.

환경이 무의식적으로 우리를 어떻게 조정하는지 이해하면, 그러한 환경을 고쳐서 같은 편으로 만들 수 있다. 약간의 연습만 하면, 당신은 환경의 희생자에서 운명의 건축가로 바뀔 것이다.

비판을 멀리서 보기

향상하고 싶다면, 기꺼이 조롱을 받아야 한다.

• 에픽테토스

모욕의 성공 여부는 피해자의 민감성과 분노에 달려 있다.

• 세네카

사회적 존재인 우리는 집단의 도덕 규범에 맞추기 위해 끊임없이 노력한다. 이런 사회적 순응에 대한 탐색은 한편으로는 공존의 기본 규칙 준수를 촉진함으로써 복잡한 사회 조직을 수월하게 만든다. 하지만 다른 한편으로는 우리 자신이 타인에 대한 비판에 민감해져서 쉽게 조종당하는데, 이는 우리의 변화 과정에서 걸림돌이 된다.

많은 경우 이런 비판은 가장 가까운 집단에서 발생하기에 우리 행동에 미치는 영향도 크다. 친구와 가족은 큰 기쁨의 원천이지만, 부정적인 감정의 원천이기도 하다.

만일 당신이 다른 사람들과 같은 습관이 있었는데 바꾸려고 하면, 어떤 이들은 그걸 개인적인 공격으로 해석할 것이다. 그들은 당신이 자신들의 행동에 의문을 품고 있다고 생각하고, 당신을 그들 쪽으로 미묘하게 되돌리려 할 것이다. 불행히도 이러한 사회적 압력은 종종 우리의 개선 노력을 좌절시킨다.

이런 문제를 인식한 스토아학파는 관계에서 상처를 받지 않고, 마음의 평화도 깨뜨리지 않으면서 다른 사람의 비판에 대처할 수 있는 다양한 전략을 제공했다. 몇 가지 아이디어를 검토해 보도록 하자.

자신을 더 소중히 여겨라

우리가 타인보다 자신을 더 사랑하면서도,
자신보다 타인의 의견을
더 소중히 여긴다는 사실에 놀라지 않을 수 없다.

• 마르쿠스 아우렐리우스

세네카가 말했듯이, 우리는 이성보다는 모방을 따라 행동하는 경우가 더 많다. 우리는 우리 자신을 다른 사람들에게 맞춰야 한다고 여기며, 이로 인해 종종 잘못을 저지른다. 우리는 좋아하지 않는 사람들에게 좋은 인상을 주기 위해 돈을 써가며 필요없는 것들을 산다. 우리가 질문이나 비판을 받을 때는 원칙들을 기억하고 가치를 명확히 해야 한다. 당신이 가장 중요하게 여기는 의견은 무엇인가? 그것이 당신의 의견인가, 아니면 타인의 의견인가? 당신이 정말로 추구하는 대상이 희미할수록 외부 의견에 더 많은 영향을 받게 된다. 당신의 삶에 대한 가장 중요한 의견은 당신의 의견이어야 한다.

> 다른 사람들이 당신에 대해 생각하는 것보다,
> 당신이 자신에 대해 생각하는 것이 훨씬 더 중요하다.
>
> • 세네카

결론적으로, 타인의 의견은 우리가 통제할 수 없는 것이므로 그것에 너무 많은 관심을 기울일 필요가 없다. 우리는 외부적 요소를 배울 수는 있지만, 그것을 바꿀 수 없는 대상으로 바라보는 법을 배워야 한다. 그리고 무엇보다도 이런 비판이 우리 마음을 바꾸지 못하게 막아야 한다. 만일 그런 일이 생기면, 그 책임은 비판하는 사람이 아닌 우리 자신의 것이다.

> 만일 누군가가 당신을 자극하고 마음의 평화를 잃게 한다면,
> 당신의 마음도 공범이다.
>
> • 에픽테토스

비판을 피하려고 우리 원칙에 어긋나게 행동하는 건, 일종의 노예처럼 행동하는 것과 다름이 없다. 우리의 명성보다 우리의 양심이 더 중요하다.

누가 나를 경멸하는가? 그건 그 사람의 문제다.
나의 임무는 경멸받을 만한 일을 하지 않는 것이다.

• 마르쿠스 아우렐리우스

우리는 다른 사람으로부터 부정적 영향을 받지 않도록 마음을 다스리는 법을 배워야 한다. 에픽테토스가 말했듯이, 다른 사람이 우리 몸을 마음대로 하지 못하게 막는 것처럼, 우리의 마음도 그렇게 하지 못하게 막아야 한다. 그리고 우리가 결정을 내릴 때도 다른 사람이 우리 마음을 마음대로 조종하지 못하게 막아야 한다.

만일 누군가가 당신 몸을 길에서 만난 낯선 사람에게 준다면,
당신은 화를 낼 것이다.
그런데 당신은 누군가에게 당신 마음을 떠넘겨서
마음대로 하고 혼란스럽게 하도록 내버려둔다.
이러면 부끄럽지 않은가?

• 에픽테토스

다른 사람의 존중을 바라는 것은 정상이지만, 마음의 평화는 그런 존중을 얻는 데 달리지 않았다. 오히려 그것에 집착하면 불안해지고, 만일 그걸 얻었다면 다시 잃을까봐 두려워하면서 불안감에 계속 시달릴 것이다. 또한 이런 수용의 욕구는 다른 사람들이 볼 때는 필사적으로 보여서 오히려 당신을 더 안 좋게 생각

할 수 있다. 그리고 그들은 당신의 그런 약점을 발견하면 더 공격할 것이다. 반대로 자신을 존중하면 자기 행동에 대한 확신을 품게 되면서 다른 사람으로부터 더 많은 존중을 받게 될 것이다.

자신을 존중하기 시작하면, 다른 사람들의 존중을 받게 될 것이다.
• 가이우스 무소니우스 루푸스

좋은 행동은 좋은 결과를 얻는 데 도움이 된다. 그리고 당신이 가치 있는 일을 이루면, 특정한 사람들의 원한을 살 수도 있다. 이런 일이 당신의 길을 막지 못하게 하라.

권력을 갈망하는 사람들이 배워야 할 첫 번째 기술은
증오를 견디는 능력이다.
• 세네카

다른 사람의 비판에 감정적으로 반응하면 고통은 절대 끝나지 않을 것이다. 만일 그런 말에 조종을 당한다면, 누구나 당신을 조종할 수 있다. 스스로 멈추고 반성하는 능력을 갖추면 다른 사람의 말을 넘어설 수 있게 된다.

즉, 외부 비판에 대한 해독제는 내적 존중이다. 타인의 의견보다 당신의 목표를 더 중요하게 여겨라. 당신의 행동의 결과와 함께 살아야 하는 사람은 타인이 아닌 당신 자신이다.

비판과 비판자를 평가하라

그대가 칭찬을 받고자 하는 자들이 누구이고,
그들의 삶을 이끄는 원칙이 무엇인지 알아보라.
그러면 그들이 당신을 화나게 할 때,
그들을 비난하지 않게 되고, 그들의 동기와 생각을 알면,
그들의 칭찬도 필요 없어질 것이다.

• 마르쿠스 아우렐리우스

그대는 어떤 사람들에게 칭찬을 받길 원하는가?
그대가 미쳤다고 한 사람들과 같은 이들은 아닌가?
미치광이들의 인정을 받는 것이 그대의 야망인가?

• 마르쿠스 아우렐리우스

스토아학파는 모든 비판을 무시하라는 게 아니라, "영향을 받기 전에 가치를 평가하라"고 조언했다. 다른 사람의 의견에 귀를 기울여야 하지만, 먼저 그것들을 당신이 판단한 후에 받아들여야 한다.

스토아학파는 이런 비판들이 종종 인신공격이 될 수도 있으므로, 이런 유치한 비난을 유머와 함께 받아들일 걸 권했다. 분명한 사실로 공격을 받는다면, 기꺼이 웃으며 받아들여라. 일단 당신의 결점을 인정하면, 아무도 그것으로 당신을 다시 공격할 수는

없을 것이다. 그렇게 상대가 자신의 공격이 효과가 없다는 걸 인식하면, 그런 노력을 멈출 것이다.

> 사람들이 내 대머리와 약한 시력, 얇은 다리, 체중을 조롱한다.
> 그들이 말한 게 명백한 사실인데, 어떻게 이게 모욕이 될까?
>
> • 세네카

그러나 거짓말로 공격을 받으면, 그런 거짓말을 하는 자들의 무지를 불쌍히 여겨라. 스토아학파는 이런 사람들을 추론 능력이 거의 없는 어린이나 동물로 여기라고 조언했다. 아이의 울음이나 개 짖는 소리에 아무도 괴로워하지 않는 것처럼, 자신이 무슨 말을 하는지 알지도 못하는 사람들의 의견에 괴로워할 필요가 없다.

> 모욕을 극복하는 것이 위대한 마음의 특징이다.
> 모욕을 작은 개들이 짖는 것처럼 여겨라.
>
> • 세네카

스토아학파는 '이런 사람들이 그런 행동을 하는 이유는 악의가 있어서라기보다는 무지하기 때문'으로 여기라고 조언했다. 이것은 분노를 제어하고, 의미 없는 싸움에 휘말릴 위험을 줄이는 데에도 도움이 된다. 어떤 사람들은 늘 비판만 하는데, 그런 사람들이 그런 일을 하지 않기를 바라는 건 무화과나무가 무화과를 맺지 않기를 바라는 것과 같다. 그런 사람들에게 화내는 대신 교육을 시도할 수도 있지만, 그것은 상대방이 기꺼이 변화할 가능성이 있다는 걸 알 때만 가능하다. 그렇지 않다면 굳이 시간을 낭비할 필요가 없다.

누군가를 만날 때 삶에서 선과 악에 대한
그 사람의 신념이 무엇인지 처음부터 자문하라.
누군가가 적처럼 행동하거나, 당신을 모욕하거나, 반대할 때,
그들은 그저 스스로 옳은 것처럼 보이는 일을 하고 있고,
더 잘 행동하는 방법 또한 모른다는 사실을 기억하라.

• 에픽테토스

당신을 비판하는 사람을 평가해보라. 그 사람은 당신이 존경하는 사람인가? 그 행동이 당신에게 좋은 본이 되는가? 그렇다면 그 의견에 주의를 기울이고, 당신이 실수한 건 없는지 분석하라. 꼭 그 비판이 타당하다고 여겨지지 않더라도, 당신에게 도움이 될 만한 게 있을 수도 있으니까.

또한 다른 사람을 비판할 때 악의를 품지 말고 그에게 도움을 주려고 진심으로 노력하라. 그리고 언쟁이 벌어지기 전에 당신에게도 부분적인 책임이 있는지 분석하라. 자신의 행동을 조사하고, 다른 사람들이 당신에 대해서 몰랐던 부분을 볼 가능성을 열어두라.

요약하자면, 우리는 비판을 받을 때 첫 느낌을 '판타지아fantasia' (환상)로 여겨야 한다. 그리고 영향을 받기 전에 그 타당성을 살펴봐야 한다. 만일 타당하지 않다면 버려라. 그리고 그것이 당신의 마음의 요새에 들어오지 못하게 막아야 한다.

말만 하지 말고, 솔선수범하라

연회에 있을 때는 먹는 방법을 설명하지 말고, 원하는 대로 먹어라.

• 에픽테토스

우리가 다른 사람들의 행동을 바꾸려고 하면 종종 저항에 부딪힌다. 예를 들어, 당신이 좋은 생활 습관의 장점을 깨닫게 되면 주변의 아끼는 사람들을 돕고 싶어지지만, 그들에게 변화를 강요하기는 힘들다. 이전에 보았듯이, 실제 변화는 각 사람 안에서 시작한다. 그래서 변화의 필요성을 스스로 느끼지 않는 한, 아무리 선의가 있더라도 외부의 힘에 저항할 것이다.

이런 사실을 알았던 스토아학파는 "다른 사람을 변화시키고 싶다면 그저 모범을 보여라"라고 조언했다.

물론 당신이 배운 것에 관해서 이야기해줄 수 있지만, 그걸 실행하고 그 결과를 보여주는 것이 훨씬 더 중요하다. 당신이 아무리 스토아주의에 관해 이야기해도, 삶에서 벌어지는 수많은 작은 변수들 때문에 계속 그런 모습을 보여주지 못하면, 실제로 당신은 아무것도 배우지 못한 셈이다.

에픽테토스가 상기시켜주었던 것처럼, "양들은 목자에게 먹었다는 걸 보여주기 위해 풀을 토하지 않고, 그저 그걸 젖과 양털로 변화시킨다." 이처럼 당신도 배운 걸 '토하지' 말고, 소화하고 실천에 옮겨야 한다. 당신의 행동이 곧 당신의 메시지가 된다. 그리고 그걸 이해하는 사람들은 자연스럽게 당신을 따를 것이다. 설교보다 행동이 더 효과적이다. 사람들은 당신의 지시보다 당신의 행동에 관심이 더 많다.

원칙을 따르되 다른 사람들을 바꾸려고 애쓰지 말라. 당신의 진행 상황을 보게 되면 많은 사람이 관심을 가질 거고, 그럴 때 어떤 제안을 하면 그들이 더 잘 받아들일 것이다. 당신을 비판하던 많은 사람도 당신이 이루어낸 결과를 보면 몰래 당신을 존경하게 될 것이다.

> 겸손하고 일관성 있게 이상을 좇아야 한다.
> 옳다고 여기는 걸 붙잡아라.
> 시간이 지나면 당신을 조롱한 사람들이
> 당신을 존경하게 될 것이다.
>
> • 에픽테토스

마지막으로, 옳은 일을 하면 항상 공격이 따른다는 걸 기억하라. 그래도 그 길을 가라.

무화과나무 앞에서 서두르지 마라

— 인내심 갖기

좋은 일은 하룻밤 사이에 생기지 않는다.

포도나 무화과도 익는 데 시간이 필요하다.

만일 당신이 지금 무화과를 원한다고 말한다면,

나는 서두르지 말라고 할 것이다.

먼저 꽃이 피고, 그다음에는 열매가 맺히고,

마지막에 익게 하라.

• 에픽테토스

 개선하고 싶다는 마음이 있으면 행동하기 마련이지만, 우리 기대치를 현실에 맞춰 조정해야 한다. 자연에는 속도가 있고, 다른 것과 비교해보면 효율적인 길도 있지만, 지름길은 없다. 쌓인 문제(또는 몸무게)를 몇 주 안에 이전으로 되돌릴 수 있을 거라고 기대하지 말라. 계속 빠른 해답을 찾는 사람들은 결국 아무것도 얻지 못한다. 계속 조급해하면 앞으로 나아갈 수가 없다. 그래서 그런 사람들은 먼 길을 가면서 중도하차하는 경우가 많다.

 장기적 목표에 눈을 고정하고, 현재를 염두에 두면서 그 과정을 즐기는 법을 배우라. 올바른 방향으로 가면서 얻는 모든 작은 승리와 발전을 기념하고 축하하라. 앞으로 올 걸 기다리면서 지금 가지고 있는 걸 잘 활용하라.

많은 사람이 해야 할 행동들을 미루면서도 빠른 결과를 기대한다. 하지만 반대가 되어야 한다. 행동은 빨리 옮기고, 결과에는 인내하라.

가치 있는 것은 하룻밤 사이에 이루어지지 않는다는 사실을 기억하라. 위대한 건축물들은 그걸 오랫동안 눈으로 그려볼 능력이 있는 사람들이 지었다. 당신의 삶이 훌륭한 작품이 되길 원한다면, 며칠이나 몇 주가 아니라 몇 년 또는 수십 년을 두고 생각하라. 즉, 인내심을 가져라.

제5장

삶의 무기가 되는 스토아철학

의사들이 응급 상황에 대비해
메스와 도구들을 곁에 두듯
그대의 철학도 당신 곁에 잘 준비해두라.

• 마르쿠스 아우렐리우스

앞에서 본 것처럼 스토아주의는 실용적인 철학이다. 우선 특정 원칙을 자기 것으로 받아들여야 하지만, 그 후에는 꼭 실천으로 옮겨야 한다. 스토아학파는 이론에서 실천으로 옮기는 걸 돕기 위해 특정한 연습을 제안했다. 이것은 오늘날 다양한 치료법의 일부이기도 하다. 스토아학파는 이런 기술들이 무기와 같으므로, 심리적 회복탄력성psychological resilience을 유지하기 위해서는 항상 가까이에 두어야 한다고 강조했다.

　이어서 스토아학파가 자주 사용하도록 권장하는 몇 가지 도구를 자세히 살펴볼 것이다.

백신을 맞듯 최악의 상황을 미리 생각해두라

— 부정적 시각화Negative visualization

매일 죽음과 망명 그리고 기타 재앙들을 염두에 두라.

• 에픽테토스

당신의 삶에서 벌어질 수 있는 최악의 상황은 무엇인가? 거기에 어떻게 반응할 것인가? 매일 다른 사람들에게 벌어지는 불행에 대처할 준비가 되어 있는가?

스토아학파는 최악의 사건에 대해 자주 생각해보라고 조언했다. 비현실적 긍정주의를 강요하는 오늘날에는 이런 말이 이상하게 들릴 수도 있다. 하지만 삶이 당신의 욕망을 이루어줄 거라고 가정하면, 다가올 장애물 앞에서 좌절감도 커질 것이다. 세네카가 말했듯이, 예상치 못한 역경의 영향은 훨씬 더 강하다.

스토아학파는 역경 앞에서 너무 놀라지 않기 위해 두려움을 시각화하는 '불행에 대한 사전 숙고Praemeditatio Malorum'라는 기술을 사용했다.

당시 스토아학파는 빈곤과 장애, 질병, 사랑하는 사람의 죽음 또는 망명과 같은 문제를 특별히 강조했지만, 지금 우리는 원하는 모든 부분에 이를 적용해볼 수 있다.

스토아학파는 역경에 관해 생각해보는 것에는 다음과 같은 많은 이점이 있다고 주장했다.

중립적 요인을 인정하는 데 도움이 된다

첫째, 그들은 다른 사람들에게 재앙이었던 사건들을 중립적 요소로 보는 데 익숙해지기를 원했다. 앞에서 보았듯이, 스토아학파는 외부적 요인을 좋고 나쁜 게 아니라 중립적인 것으로 보았다. 또한 좋거나 나쁘다는 평가는 우리의 행동에만 적용할 수 있고, 미덕으로 행동하는 걸 막을 수 있는 건 우리의 죽음뿐이라고 강조했다.

따라서 우리는 일어날 수 있는 사건들을 '선호하지 않는 중립적 요소'로 분류하는 데 익숙해져야 한다. 나쁜 것은 우리에게 일어나는 일 그 자체가 아니라, 그 일에 대한 우리의 나쁜 반응이다.

그런 사건들이 중립적임을 알게 되면 불안감도 줄어들고, 그것들과 더 분리된 자세를 갖게 된다. 에픽테토스는 제자들에게 "이것은 내게 아무것도 아니다" 또는 "내가 통제할 수 없는 것은 중립적이다"라고 말함으로써 이러한 두려움에 반응하라고 조언했다.

우리가 원하지 않는 걸 미리 준비하는 데 도움이 된다

 과도한 낙관주의는 오히려 파괴적일 수 있다. 모든 것이 잘될 거라고 확신하는데, 왜 예방 조치를 하겠는가?

 기업에서는 소위 '사전 분석'이라는 것이 자주 이루어진다. 제품을 출시하거나 프로젝트를 시작거나 중요한 결정을 내리기 전에 담당 팀은 미래를 계획하고, 안 좋은 결과를 미리 상상하고, 그 원인이 무엇인지 자문해본다. 발생할 수 있는 안 좋은 상황에 대한 모든 원인을 생각하다 보면, 아무도 생각지 못했던 '발생 가능한 위험들'을 알아낼 수 있다. 당신이 상상할 수 없는 건 막을 수도 없다.

 물론 이 과정은 예방 조치를 실제로 일어날 가능성에 맞춰 적용하는 등 합리적으로 다루어야 한다. 발생 가능한 모든 위험에 대한 예방 조치가 필요한 건 아니지만, 문제가 발생할 수 있는 원인을 시각화하면 문제 해결의 가능성도 커진다. 이것은 당신의 삶에서도 마찬가지다. 변화시키려고 시도했는데 원하는 결과를 얻지 못하게 될 때를 미리 시각화하라. 어떤 장애물이 당신을 막을 수 있을까? 이제 현실로 돌아와서 그런 장애물들을 피하는 데 필요한 적절한 조처를 해보라.

대응을 준비할 수 있다

가능한 예방 전략이 없는 경우에는 두려워하는 걸 시각화하면 그에 대한 대응을 준비할 수 있다.

마르쿠스 아우렐리우스는 하루를 시작할 때, '참담하고, 배은 망덕하고, 무례하고, 충성스럽지 않고, 거짓되고, 이기적인' 사람들을 만날 것이라고 상상했다.

마르쿠스 아우렐리우스는 그런 상황에 대해 정신적으로 준비할 뿐만 아니라, 그에 대한 반응도 계획했다. 즉, "그들 중 누구도 나를 해치거나 악한 일에 연루시킬 수 없다. 따라서 나도 그들에 대해 증오심을 품어서는 안 된다. 우리는 발, 손, 눈, 두 줄의 이처럼 함께 일하기 위해 태어났다."

매일 이런 사전 계획을 세우면 당신이 그런 사람들을 만날 때 더 인내심을 갖고서 마음의 평화를 유지하는 데 훨씬 큰 도움이 될 것이다.

세네카의 군사적 비유에 따르면, 군인은 상상하지 못한 전투에서는 어떻게 대응해야 할지 모를 것이다. "마음이 역경에 대처하기 위해 준비해야 하는 때는 안정된 때이다. 포르투나Fortuna (운명의 여신)가 우리에게 미소를 지을 때, 그녀의 분노에 대비해야 한다. 군인들이 전쟁 가능성에 대비해 훈련하는 때는 전쟁이 없는 평화의 기간이다. 위기가 닥쳤을 때 냉철한 정신을 갖길 원한다면, 위기가 닥치기 전에 훈련해야 한다."

요컨대 나쁜 걸 상상하는 것은 우리 스스로 그에 대비하는 데 도움이 된다.

충격을 완화한다

우리가 처음 직면하게 되는 건 뭐든 실제보다 더 두렵다. 따라서 우리가 두려워하는 걸 자주 시각화하면 더 친숙해지고, 그것이 이루어졌을 때 부정적 영향도 줄어든다.

우리는 준비된 일에 더 용기 있게 맞선다.
전혀 예상하지 않은 사람들은 사소한 일에도 당황한다.
우리는 놀랄 만한 일이 없는지 확인해야 한다.
그리고 실제보다 더 이상화되는 이유는
그것이 드물기 때문이다.
그러니 끊임없이 성찰하는 습관을 지니면
어떤 역경을 만나더라도 능숙하게 대처할 수 있을 것이다.

• 세네카

두려움을 극복하려면 그 두려움 앞에 자신을 조금씩 드러내야 하고, 상상력도 동원해야 한다. 우리는 두려워하는 상황에 직면하고, 또 그걸 극복하는 우리 자신을 바라보아야 한다.

이 시각화는 일종의 '감정 시뮬레이션'으로, 두려운 사건들로 인한 불안에 대해 면역력을 어느 정도 갖게 해준다. 통제할 수 있는 정도의 불행에 자신을 노출시킴으로써(상상력이 있는 경우에만), 실제 사건에 대한 적응력을 높이고, 정서적 회복력도 향상시킨다.

우리가 두려움을 무시하거나 억누르면, 오히려 그것이 커진다. 하지만 그것들을 현재로 가져와 정면으로 마주하면 두려움이 줄어든다. 머릿속에서 이미지를 계속 떠올리면 그것에 익숙해지고, 그 결과 우리가 받는 영향력이 줄어들 수 있다.

또한 우리는 곧 보게 될 '인지 거리' 과정을 통해 이런 두려움에 의문점들을 제기할 수 있다. 정말 두려움이 그렇게 나쁠까? 좋은 점은 없을까? 정말 내 인생을 파괴할까? 내가 두려워하는 걸 극복한 사람이 있을까?

요컨대 우리는 너무 두려워하는 대상을 재조정해서 좀 더 적절한 수준으로 맞추어야 한다.

쾌락 적응을 피한다

그대가 가진 것 중에서 부족한 것에 대해 생각하지 말라.
가지고 있는 것 중 가장 좋은 것들을 골라서
그것들이 없었다면 그걸 얼마나 그리워할지를 생각하라.

• 마르쿠스 아우렐리우스

우리가 가진 걸 즐기지 못하게 막는 또 다른 장애물은 '쾌락 적응Hedonic adaptation(아무리 행복하거나 불행한 일이라도 적응하면서 일상이 된다는 뜻으로, '쾌락의 쳇바퀴hedonic treadmill'라고도 불림)'이다. 좋은 일이 우리 삶에 생길 때(예, 새 차, 새집 또는 새 파트너) 우리의 행복 감각은 증가하지만, 그런 개선은 일시적이다. 따라서 시간이 지남에 따라 기쁨과 흥분은 사라지고, 다시 초기 만족 수준으로 돌아간다.

세네카는 이런 쾌락 적응을 막기 위해 그의 편지에서 사랑하는 사람의 죽음을 상상하는 것과 같이 무시무시하면서도 효과적인 예를 사용했다. 그것은 우리가 가진 모든 것이 우주에서 빌린 것이며, 반환하라는 요구를 언제든지 받을 수 있음을 상기시켰다.

> 무언가를 잃어버렸다고 말하지 말라.
> 단지 그걸 돌려주었을 뿐이다.
> • 마르쿠스 아우렐리우스

예를 들어, 많은 사람이 자기 몸에 만족하지 않기에 수치심과 불안감을 느낀다. 물론 가장 마음에 들지 않는 부분은 개선하려고 노력해야 하지만, 우리 몸이 경험할 수 있는 모든 걸 계속 상상해보아야 한다. 예를 들어, 다리가 절단되거나 눈이 멀었다고 잠시 상상해보라. 당신은 지금의 온전한 몸을 갖기 위해 얼마를 지불하겠는가? 당신의 온전한 몸 상태에 감사하다 보면, 작은 결점들은 잊게 된다.

요컨대 가치 있는 걸 잃어버리는 상상을 해보면, 지금 있는 걸 당연한 것으로 여기기보다는 그것의 존재에 감사하기 마련이다. 그리고 삶 그 자체보다 가치 있는 건 없으므로, 스토아학파는 곧 보게 될 내용처럼 죽음에 대해 성찰해보라고 조언했다. 즉, '메멘토 모리$^{Memento\ Mori}$(당신이 죽으리라는 사실을 기억하라)'라는 유명한 말은 우리에게 이와 같은 관점을 제공해주고, 또한 이 관점에서 문제에 대해 생각할 수 있게 해준다.

걱정이 줄어든다

어떤 사람들은 미래의 문제를 시각화하는 것이 현재에 불안을 유발할 수 있으므로 역효과를 낸다고 생각할 수도 있다. 이는 자기 힘으로는 어쩔 수 없는 미래에 대해 자기 생각을 투영하는 걸 피했던 스토아학파의 다른 가르침과 모순되는 것처럼 보일 수 있다.

그렇다면 스토아학파는 이 명백한 역설을 어떻게 해결했을까? 그들은 걱정과 성찰을 구분했다. 일어날 수 있는 사건에 대해 성찰하는 것은 그것에 대한 걱정이 아니기 때문에 실제로 불안을 줄여줄 것이다.

우리는 종종 구체적인 일보다 추상적인 일을 더 두려워한다. 우리가 두려워하는 걸 명확하게 시각화하면 경계가 정해진다.

부정적인 걸 시각화하는 것과 그걸 걱정하는 것은 매우 다르다. 시각화는 부정적인 감정을 불러일으키지 않고도 할 수 있는 지적 운동이다. 관조하는 건 걱정하는 게 아니다.

실제로 최근에 나온 근거들에 따르면 자신의 지금 모습에 방해받지 않고 불쾌한 생각이나 감정을 받아들일 수 있는 사람들은, 그런 생각을 피하려는 사람들보다 정신적 탄력성이 더 높다는 사실이 확인되었다. 그러나 이 능력을 갖추려면 연습이 필요하다.

결국, 걱정은 두려움의 한 형태이며, 우리가 피하려고 할수록 두려움이 커진다. 우리는 두려움과 거리를 두고서 객관적으로 관찰해야 한다. 그런 습관을 갖게 되면, 오히려 지루해질 정도로 그것의 영향을 받지 않을 것이다. 이럴 때 우리의 마음의 초점이 바뀌지만, 이것은 억압 전략이 아니라 무관심 때문이다.

끝으로, 우리가 최악의 시나리오에 맞설 준비가 되어 있으면, 불확실성에 대한 불안감도 줄어든다. 우리는 최고를 희망하지만, 최악의 상황에도 대비해야 한다.

죽음을 묵상하라
— 메멘토 모리

그대는 지금 당장 죽을 수도 있다.
매 순간 이런 생각에 따라 행동하고 생각하라.

• 마르쿠스 아우렐리우스

스토아학파 시대에 많은 로마 장군들은 백성들에게 아부를 받을 때마다 그들의 귀에 '메멘토 모리Memento Mori'를 속삭여주는 하인들을 두고 있었다. 따라서 그들은 수많은 승리를 거두고, 엄청난 군사력을 지녔음에도 다른 사람들처럼 자신들도 죽으리라는 사실을 언제나 기억했다. 이것은 그들이 자만함으로 인해 넘어지는 실수를 피하고, 바닥에 발을 딛고 사는 데에도 도움이 되었다.

자기 죽음에 대해 생각하는 것은 자만하지 않게 해주는 것 외에도 두 가지 목표를 이루게 해주는 강력한 기술이다. 첫째, 가장 두려운 적에 대한 두려움을 버리게 해준다. 둘째, 피할 수 없는 마지막 순간을 인식하게 함으로써 명확함을 갖게 해준다.

죽음에 대한 두려움이 사라진다

인간의 많은 악의 근원은 죽음이 아니라,
죽음에 대한 두려움이다.

• 에픽테토스

스토아학파는 이성을 사용해 우리의 두려움을 분석했다. 죽음만큼 우리를 두렵게 하는 것은 없다. 따라서 스토아학파는 죽음에 대한 두려움을 버리기 위해 죽음에 대한 두려움이 실제로 비합리적 우려라는 걸 깨닫게 했다. 우리가 태어나기 전의 지나간 모든 시간에 대해 한탄하지 않는 것처럼, 우리 죽음 이후에 이어질 오랜 시간에 대해서 한탄할 필요가 없다. 우리가 죽으면, 그저 태어나기 전과 같은 상태로 돌아갈 뿐이다.

죽음은 당신에게 아무것도 아니라고 생각하라.
모든 것이 당신의 인식에 달려 있기 때문이다.
죽음은 지각의 중단을 나타내기 때문에
우리가 존재하는 한 죽음은 존재하지 않고,
죽음이 나타나면 우리는 존재하지 않게 된다.

• 세네카

죽음에 대한 두려움을 버리기 위해서는 그것이 하나의 삶의 과정이고, 우리는 매일 조금씩 죽어간다는 걸 이해해야 한다.

대부분의 죽음은 과거에 있다.
그러니 미래에서 죽음을 찾는 건 잘못이다.
우리 뒤에 남은 세월은 이미 죽음의 손에 있다.

• 세네카

요컨대 죽음은 보이는 것만큼 나쁘지는 않다. 세네카가 말했듯이 "죽음을 나쁘게 말하는 사람 중에 그걸 경험해본 사람은 아무도 없다."

죽음에 대해 묵상하면 매일 일어나는 일이 나타내는 위대한 선물을 이해하면서 두려움을 감사로 바꿀 수 있다.

아침에 일어날 때마다 살아 있고, 숨 쉬고, 생각하고,
사랑할 수 있다는 소중한 특권에 대해 생각하라.

• 마르쿠스 아우렐리우스

우리는 죽음에 대한 두려움을 갖지 말고서 삶을 누려야 한다. 그러나 역설적으로 종종 마음속에 죽음을 떠올리면 우리의 삶에 대해 감사할 수 있다.

명확해진다

죽음을 전혀 생각하지 않는 사람은 산만함으로 시간을 낭비할 가능성이 크다. 많은 사람이 심각한 질병에 걸릴 때 생활 습관을 바꾸는 결단을 내린다. 건강이 안 좋다는 진단을 받으면 죽음이 생각보다 더 가깝다는 걸 깨닫고 빨리 생활 습관을 바꾼다.

'메멘토 모리' 전략은, 꼭 이런 극적 사건이 아니더라도, 여러 변화를 일으키는 데 도움이 된다. 결국 인생 자체는 말기 질환이다. 자기 죽음을 더 잘 인식하면, 이루려는 목표를 미루지 않고 긴장감을 어느 정도 갖고서 살 수 있다.

죽음에 대해 생각하다 보면, 우리 삶의 많은 부분을 낭비하고 있음을 깨닫는다. 마르쿠스 아우렐리우스의 말처럼, "우리가 두려워해야 하는 건 죽음이 아니라, 오히려 한 번도 제대로 살아보지 않은 것이다."

우리는 죽음보다 잘살아가지 못했거나, 미덕에 따라 행동하지 않았거나, 다른 사람의 의견을 두려워해서 우리의 삶을 제한하지 않았는가를 더 두려워해야 한다.

> 대부분은 잘사는 것보다 오래 사는 걸 중히 여긴다.
> 미덕을 가지고 잘사는 건 우리에게 달렸지만,
> 오래 사는 것은 그렇지 않다.
>
> • 세네카

마찬가지로, 나쁘게 사는 삶은 그 기간과 관계없이 그 삶을 짧게 할 것이다.

어떤 사람의 흰 머리와 주름만 보고
오래 살았다고 생각하지 말라.
그는 오래 살아온 게 아니라, 아마도 오래 있었을 뿐이다.
한 남자가 배를 타고 여행을 하는데,
항해를 시작하자마자 폭풍을 맞고 여러 바람에 휘둘려서
계속 그 자리를 돌고 있다고 상상해보라.
그는 훌륭한 여행을 한 게 아니라,
그저 제자리를 오래 돌았을 뿐이다.

• 세네카

죽음에 대해 생각하면 우리의 관점을 분명히 하면서 긴장하게 된다. 그것은 우리가 시간을 더 소중히 여기게 되면서 공허한 오락에 낭비하는 경우를 줄여준다. 임박한 죽음은 우리가 꼭 필요한 것에 집중하면서 현재의 순간을 소중히 여기게 하기 때문이다.

시간은 제한적이다. 그리고 죽음은 점점 가까워지고 있다. 따라서 매일 매일을 유익하게 보내라.

자발적 불편, 간헐적 결핍

종종 가장 소박한 음식과

가장 거친 옷으로 사는 것에 만족하는 날들을 정해두라.

그런 다음 자신에게 물어보라.

이것이 내가 그토록 두려워하던 것인가?

• 세네카

　다른 철학 학파와 달리 스토아학파는 부유함에서 연회에 이르기까지 삶의 즐거움을 누릴 수 있도록 격려했다. 그러나 동시에 즐거움과 편안함에 사로잡히거나 자유를 잃을 수 있다고 경고했다.

　이런 자유를 유지하기 위해 스토아학파가 제안한 전략 중 하나는 즐기는 것 중 일부, 심지어 우리가 필요하다고 생각하는 것들을 일시적으로 피하는 것이다. 이 기술은 부정적 시각화의 확장으로 볼 수 있다. 우리가 가치 있게 여기는 것들의 손실을 상상할 뿐만 아니라, 그걸 구체적으로 실천하는 것이다.

　이런 일시적 결핍을 실천하면 다음과 같은 많은 이점이 있다.

강하게 만들어준다

늘 바람에서 보호받고, 발이 계속 따뜻하고, 방에서 추위를 피하고
있는 사람은 산들바람만 살짝 불어도 위험해질 것이다.
뭐든 과도하면 좋지 않으며,
특히 과도한 편안함만큼 나쁜 건 없다.
그것은 뇌에도 영향을 미친다. 현실성을 잃게 하고,
진실과 거짓 사이의 구분을 모호하게 만든다.

• 세네카

스토아학파는 많은 것들이 과도하면 피해를 주지만, 적절하게
사용하면 오히려 우리를 더 강하게 만들어준다는 사실을 알고
있었다. 이 개념을 일명 '호르메시스^{hormesis} 효과'라고 하는데, 이
것은 생물학의 기본 원리 중 하나이다.

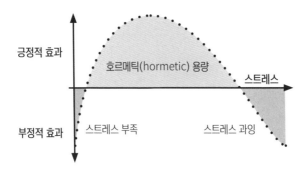

신체 활동은 과도하면 해롭지만, 부족해도 해롭다. 오래 금식하면 부정적 영향을 받지만, 짧은 금식은 건강을 개선한다. 추위와 열, 먼지 및 기타 여러 스트레스 요인도 마찬가지이다. 나는 이것을 내 책『야생적 건강Salud Salvaje』에서 정확하게 말했는데, 이 내용은 스토아학파가 이미 강조한 내용이다.

> 과도한 사치와 안락함으로 약해진
> 많은 사람의 건강은 추방으로 강해지고,
> 그 결과 더 단순하고 활기찬 삶을 살게 된다.
>
> • 가이우스 무소니우스 루푸스

여기에는 육체적 이점뿐만 아니라 심리적 이점도 있다. 우리는 두려움이나 불편함을 유발하는 일은 하지 않기 때문에 안락한 생활에 익숙해진다. 따라서 시간이 지남에 따라 우리 세상은 점점 더 작아지고, 판에 박힌 일상이 우리 삶의 전부가 된다. 우

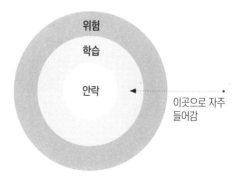

리는 자주 이 안전지대를 떠나 소위 '학습의 영역 또는 성장의 영역'에서 일정 시간을 보내야 한다.

파라켈수스Paracelsus('로마의 히포크라테스'로 불리며, 마술과 과학의 경계선을 넘나들던 의사이자 연금술사)가 말한 것처럼, 약도 용량에 따라 독이 될 수 있다는 걸 잊지 말자. 과도한 안락함은 나쁘지만, 과도한 불편함도 마찬가지다. 우리는 항상 불편하거나 두려움(공황 또는 위험 영역에 진입)을 악화시키는 심리적 스트레스 요인에 노출되기를 원하지 않는다. 따라서 개인의 능력을 고려해 불편함의 빈도수를 점차 높이면서 적절한 용량을 적용해야 한다.

요컨대 자발적 고통이 많을수록 비자발적 고통도 줄어든다. 편안한 시기에 노력하는 사람은 어려운 시기를 더 잘 견딜 수 있다. 또한 우리 몸과 마음이 강화되는 모습을 보고 몇 달 전만 해도 불가능했던 일을 할 수 있게 되면 만족감을 얻을 것이다.

의존성이 줄어든다

불안은 종종 우리가 가진 걸 잃어버릴 것 같은 두려움에서 비롯된다. 우리가 필요하다고 여기는 걸 일시적으로 없애면, 그 부재에 대처할 준비가 되어 있다는 걸 깨닫게 되면서 불안을 줄일 수 있다.

고대 로마에서 행운은 특히 가변적이었다. 예를 들어, 통치자의 호의를 잃으면 모든 재산을 박탈당하거나 먼 섬으로 추방될 수 있었다. 스토아학파는 추방이나 가난에 대한 두려움을 극복하기 위해 자주 며칠 동안 가난한 사람처럼 살 걸 권장했다. 그들이 그토록 두려워했던 것이 그렇게 끔찍하지는 않다는 사실을 깨달으면, 자신이 가진 걸 잃는 것에 대한 염려 없이 삶을 즐길 수 있기 때문이다.

예를 들어, 간헐적 단식에 익숙해지면 음식에 대한 불안감이 줄어든다. 기운이 빠지는 걸 두려워하지 않고, 먹을 장소가 있는지 걱정하지 않으면서 산길을 나설 수 있을 것이다. 금식을 통해 한동안만 음식을 제한해도 아무런 문제가 없다는 걸 깨달으면 실제로 그 과정을 즐기는 법도 배우게 된다. 대부분의 사람은 음식을 먹기 위해 하루에도 여러 번 하던 일을 중단해야 하지만, 단식을 함으로써 당신은 더 중요한 것에 주의를 기울일 수 있다. 어떤 사람들은 먹기 위해 살지만, 당신은 살기 위해 먹게 된다.

이는 추위에도 똑같이 적용된다. 추위는 스토아학파에서 아주 많이 말한 또 다른 스트레스 요인이었다. 추위에 대한 무장을 많이 하는 사람은 추위를 점점 두려워하게 된다. 세네카와 가이우스 무소니우스 루푸스 둘 다 종종 몸을 춥게 하고서 맨발로 걷기를 권했다. 오늘날의 과학은 우리가 생각하는 것보다 필요한 것이 적다는 사실을 가르쳐줄 뿐만 아니라, 양쪽 행동이 우리의 건강을 좋게 해준다는 사실도 보여준다. 필요한 것이 적을수록 더 자유로워진다.

또한 이런 자발적 불편함은 본질을 소중히 여기는 것의 중요성을 상기시켜준다. 또한 삶에서 중요하고 필수적인 것들이 정말 적다는 것도 가르쳐준다. 삶에서 경험하는 많은 문제들은 우리가 더이상 놀라지 않게 해주고, 우리에게 남는 걸 빼앗음으로써 우리가 그걸 벗어던질 수 있게 해준다.

가지고 있는 것에 더 감사하게 된다

마지막으로, 좋아하는 걸 일시적으로 포기하면 그것에 대해 더욱 감사하게 된다. 일정 기간 금식하면 음식의 맛이 더 좋아지고, 추위에 노출된 후에는 집의 따뜻함을 더 즐길 수 있다. 결핍은 더 큰 즐거움을 준다.

> 보리죽이나 빵 부스러기와 물이
> 그렇게 맛있는 음식은 아니지만,
> 그것들을 즐길 수 있는 능력만큼 큰 쾌락을 주는 건 없다.
> 그리고 뜻밖의 불공정한 행운이라도
> 그것을 성취했다는 쾌감은 그 누구도 빼앗을 수 없다.
>
> • 세네카

우리는 좋은 일이 생길 때마다 기쁨을 경험하지만, 그 새로운 일은 금방 평범한 일이 되고, 그 결과 감사를 멈추게 된다. 일시적으로라도 이러한 요소를 제거하면, 우리가 가진 것에 대해서는 더 생각하고, 부족한 것에 대해서는 덜 생각할 수 있게 된다.

스토아학파가 말했듯이, 우리는 가진 걸 잃고 나서야 비로소 우리가 가진 걸 알게 된다. 가진 것 중 일부를 자발적으로 잠시 잃어보는 것은 그것들을 더 소중히 여기는 데 도움이 될 것이다.

이럴 때 소크라테스라면…
― 현자들에 대한 관찰

어떤 상황에 직면했을 때
소크라테스나 제논이라면 무엇을 했을지 자문해보라.
그러면 어떻게 행동해야 할지 알게 될 것이다.

• 에픽테토스

삶의 방식을 모방하고 싶은 사람을 선택하라.
따라야 할 모범을 항상 명심하라.
이렇게 우리를 측정할 기준, 비뚤어진 걸
곧게 펴줄 수 있는 누군가가 필요하다.

• 세네카

앞서 살펴본 것처럼 우리 행동은 주변 사람들에게 크게 의존한다. 우리가 따라하고 싶은 습관을 지닌 사람들과 함께 있으면 변화의 과정이 많이 줄어든다. 하지만 이것이 항상 가능한 건 아니다. 우리 환경이 우리가 원하는 것과 다를 때도 있을 것이다.

그리고 스토아학파는 이럴 때 시각화를 사용해 우리가 존경하는 사람들이 우리와 같은 상황에 있다면 어떻게 행동할지 상상할 걸 권했다.

단순히 우리에게 영감을 주는 사람들의 장점을 시각화하기만 해도 우리 행동을 개선할 수 있다. 마르쿠스 아우렐리우스는 그의 책 『명상록』에서 '할아버지의 친절함과 평온함', '어머니의 검소함', '아버지의 견고함' 등 가까운 사람들의 존경스러운 장점을 설명하기 시작한다. 그는 자신이 소중히 여기는 사람들로부터 배운 모든 걸 떠올리며, 그들의 모범을 따르려고 끊임없이 노력했다.

부모님은 우리에게 큰 영향을 끼치지만, 배우고 따를 대상은 우리가 항상 선택할 수 있다. 우리와 직접적 관계가 없거나, 수천 년 전에 죽은 사람 중에서도 멘토를 선택할 수 있다.

> 부모님은 운명이 정해준 것이기에 우리가 선택할 수 없다.
> 하지만 어떤 자녀가 되고 싶은지는 우리가 선택할 수 있다.
> • 세네카

문제에 압도당할 때 존경하는 사람을 떠올려보라. 그의 눈으로 세상을 보고, 그라면 당신의 상황에서 어떻게 할지를 자문해보라. 우리가 원하는 행동과 우리가 실제로 하는 행동의 차이를 인식하면 변화가 일어날 수 있다.

우리가 존경하는 대상이 우리를 지켜보고 있다고 상상하는 것만으로도 습관이 개선될 것이다. 아무도 우리를 보지 않을 때 우리는 무의식적으로 더 나빠진다. 모든 사람이 당신의 행동을 보고 있는 것처럼 행동하라.

> 당신이 존경하는 사람을 파수꾼으로 정해서
> 당신의 생각에 참여하게 하는 건 유용하다.
> 항상 고귀한 사람의 시선 아래에 있는 것처럼 살아가라.
> 혼자 있을 때에는 잘못을 저지르는 경향이 있다.
>
> • 세네카

물론 바로 옆에 진정한 멘토가 있다면 좋겠지만, 단순히 상상하는 것만으로도 도덕적 나침반을 설정할 수 있다. 스토아학파는 종종 제논이나 소크라테스가 자신의 상황에서 어떻게 행동할지 생각했다. 그들의 행동뿐만 아니라 태도도 본보기로 삼았다.

당신이 존경하는 사람들처럼 되기 위해 어떤 능력을 계발하고 싶은지 생각해보라. 그들의 행동을 본보기로 삼아보라.

물론 하룻밤 사이에 영웅처럼 보일 거라고 기대하지는 말라. 실제로 당신은 그들의 수준에 도달하지 못할 수도 있다. 하지만 그들이 한 대로 행동했다면, 당신의 상황은 분명 개선될 것이다. 작은 변화들이 큰 영향을 미칠 수 있다.

한발 떨어져서 바라보기
— 인지 거리

> 우리를 방해하는 것은 상황이 아니라
> 그것들에 대한 우리의 의견이다.
>
> • 에픽테토스

스토아학파는 "외부 사건을 바라보는 방식을 바꾸면, 우리에게 미치는 영향도 바뀐다"는 걸 알고 있었다. 예를 들어, 그들은 우리의 생각을 외부 요소와 분리하라면서 그것들을 서로 합치지 말라고 조언했다. 이렇게 인지 거리를 유지하면, 모든 걸 더 객관적으로 침착하게 평가할 수 있다.

첫 번째 단계는 우리의 존재가 우리의 생각이 아니라는 사실을, 그리고 우리는 그러한 생각들과 거리를 둘 수 있다는 사실을 이해하는 것이다. 우리는 그것들을 감정적 영향에 휩쓸리지 않고서 합리적으로 검토할 수 있다. 한 걸음 뒤로 물러서면 상황을 더 명확하게 볼 수 있고, 현실을 해석할 다른 방법이 있는지 자문해볼 수도 있다.

현대 치료법에서는 이 기술을 '인지 거리 두기cognitive distancing' 라고 한다. 이것은 많은 분야에 적용할 수 있지만, 스토아학파는 주로 운명의 타격을 완화하고 매일 유혹에 굴복하지 않기 위해 이것을 사용했다.

이런 거리 두기를 위한 다양한 전략이 있다. 첫 번째 접근 방식은 분해이다. 이성을 사용해 우리에게 두려움이나 욕망을 유발하는 요소를 육하원칙으로 나눈다. 둘째, 우리는 우리에게 일어나는 일을 다른 사람에게 일어난 일처럼 볼 수 있는데, 이는 우리 자신과 이때 일어난 일 사이에 거리를 두기 때문이다. 그리고 마지막으로 스토아학파는 공간과 시간에 대해 더 넓은 관점을 가짐으로써 모든 사건에 대한 관점을 바꾸라고 권장했다. 그러면 이런 전략들을 자세히 살펴보도록 하자.

분해

우리를 유혹하는 것은 분해되면 그 힘을 잃는다. 예를 들어, 우리는 마르쿠스 아우렐리우스가 호화로운 황실 가운이 으깨진 연체동물의 피로 염색된 양털이고, 와인이 그저 발효된 포도이며, 음식이 동물의 사체에 불과하다고 주장하는 걸 보았다. 그는 원하는 모든 걸 가질 수 있었지만, 그 욕망에 굴복하지 않기 위해 욕망을 분해하여 본질을 지키고자 했다.

우리가 마음속으로 외부 상황을 설명하는 데 사용하는 단어들은 그것이 우리에게 유발하는 감정을 조절한다. 그러므로 우리는 과장된 감정을 조절하는 데 도움이 되는 단어를 사용해야 한다.

우리는 높은 평가를 요구하는 것들을 볼 때마다
그것들을 벗기고, 또 그들을 흥분시키는
모든 말을 멈춰야 한다.
사물의 겉모습은 종종 이성을 왜곡한다.

• 마르쿠스 아우렐리우스

마케팅 행사보다 겉모습의 힘을 잘 아는 곳은 없다. 예를 들어, 식품 산업은 초가공식품의 이미지를 행복이나 세련미와 같은 열정적 이상과 연관시키려고 한다. 마케터들은 광고를 통해 우리에게 욕망과 필요의 감정을 일깨우려고 노력한다.

이럴 때 분해 기술의 적용이 이런 함정과 싸우는 데 도움이 될 수 있다. 이런 제품들을 객관적으로 살펴보면 관심이 줄어든다. 예를 들어, 코카콜라는 설탕과 첨가물이 들어간 물에 불과하다고 생각해보자. 또한 당신이 가장 좋아하는 쿠키는 저렴하고 정제된 재료(밀가루, 식물성 지방, 감미료 등)의 단순 혼합물일 뿐이라고 생각한다면 먹고 싶은 마음이 줄어들 것이다.

이것의 목표는 삶의 즐거움을 줄이려는 게 아니라, 건강에 해를 끼치는 것들에 대한 유혹을 줄여서 정말로 중요한 것들을 소중히 여기는 법을 배우려는 것이다.

또한 만일 당신보다 권위 있고 사회적 지위가 높은 사람들과 이야기하는 것이 두렵다면, 여기에도 이 기술을 적용해볼 수 있다. 스토아학파는 타인의 인기·권력·부에 현혹되지 않기 위해서, 우리를 불안하게 하는 사람들도 모든 장신구를 제거하면 보통 사람과 같다는 점을 상기시켰다.

> 왜 그 사람이 그렇게 대단해 보이는가?
> 그 사람에 대해서만 생각하는 게 아니라,
> 그의 받침대에 대해서도 생각하기 때문이다.
> 난쟁이가 산에 오른다고 해서 그가 커지지는 않는다.
> 이것은 우리가 저지르는 실수이다.
> 우리는 그 사람이 누구인지보다는,
> 그가 가진 장신구로 그를 평가한다.
>
> • 세네카

다른 사람의 눈을 통해서 보기

우리는 다른 사람에게 어떤 일이 벌어지면, 우리에게 같은 일이 일어났을 때보다 더 객관적 의견을 낸다. 스토아학파에 따르면, 진정한 현자란 자신에게 일어나는 일을 이웃에게 일어난 일과 같은 거리에서 본다.

> 이웃의 노예가 컵을 깨면 우리는 그냥
> 일어나는 일이라고 생각한다. 그러므로
> 당신에게 그런 일이 생기면 같은 방식으로 반응해야 한다.

이제 이 생각을 더 큰 일들로 옮겨보자.

다른 사람의 아들이나 아내가 죽으면,

우리는 사람이기에 어쩔 수 없는 일이라고 할 것이다.

하지만 당신에게 그런 일이 생기면,

낙담하며 "불쌍한 내 신세!"라고 한다.

우리는 다른 사람에게 이런 일이 생길 때마다

우리가 어떻게 느끼는지를 떠올려야 한다.

• 에픽테토스

언제나 그렇듯이 이것은 머리로는 이해가 되지만, 실천하기가 어렵다. 하지만 우리에게 일어나는 일을 제3자의 눈을 통해 확인하려고 노력한다면, 그것으로 인한 여파를 줄일 수 있다. 예를 들어, 인지행동치료에서는 우리 문제에 대한 글을 3인칭으로 써보며, 또 그것들과 어느 정도 거리를 두도록 권장한다.

우리는 종종 다른 사람들의 문제에 대해서는 합리적 조언을 하지만, 우리 자신이 같은 문제에 직면했을 때는 똑같은 조언을 적용할 수가 없다. 여기에서 미리 현자의 눈으로 바라보는 전략을 적용해볼 수도 있다. 당신이 존경하는 사람의 눈을 통해 당신의 상황을 바라보라. 과연 어떻게 반응하게 될까? 이상적으로 행동하지 못할 수도 있지만, 적어도 다른 관점이 있다는 걸 이해하면 도움이 될 것이다.

이 내용과 관련해서, 우리는 변화의 과정을 객관적이면서도 호기심이 가득한 과학자의 눈으로 보아야 한다. 예를 들어, 지난주에 살이 빠지지 않았다고 불평하고 포기하는 대신, 그 원인이 무엇인지 그리고 다음 주에 선택할 수 있는 전략이 무엇인지 등을 알아볼 수 있다. 실패는 없고, 단지 행동과 결과만 있을 뿐이다.

시간과 공간 확장하기

우리는 현재의 시간과 장소에 특별한 힘을 부여한다. 이것이 의미가 있으므로, 보통은 현재에 초점을 맞추라고 조언한다. 하지만 어려움을 겪고 있을 때 문제를 명확하게 보기 위해서는 정신적으로 문제와 거리를 두는 편이 낫다. 훨씬 더 넓은 관점을 취하면 문제의 비중이 줄어든다. 스토아학파는 공간과 시간 모두에서 우리의 마음을 확장하는 연습을 하라고 제안한다.

마르쿠스 아우렐리우스에 따르면, "우리 삶을 포함한 모든 현상이 일시적임을 관찰하면서 마음속 우주의 광대함과 무한한 시간을 시각화"한다면 운명에 대한 불만을 줄일 수 있다.

앞에서 살펴본 것처럼, 이런 관점을 적용하는 간단한 방법이 있다. 지금부터 10년 후에도 지금 어려움을 겪게 하는 이 문제 때문에 여전히 염려할 것인지 자문해보는 것이다. 대부분의 대답은 '아니오'이고, 그럴 때 고통이 덜어진다. 그 문제가 10년 후에도 계속 우리에게 영향을 미치면, 그 너머로 문제를 확장해야 한다. 100년 뒤에도 이것이 중요할까? 천 년 후에는?

세네카는 위로의 편지에서 누군가가 어린 나이에 죽자, 모든 삶의 시간이 영원에 비하면 사소한 것임을 떠올려보라고 조언했다. 우리의 삶 전체가 무한한 공간과 시간에 비해 사소해 보인다면, 지금 우리가 안고 있는 문제는 훨씬 작아 보일 것이다.

> 100년 이상 살며 전설적으로 장수한 사람들을 떠올려보라.
> 시간의 총체성을 생각할 때 가장 긴 수명과
> 가장 짧은 수명의 차이는 아무것도 아닐 것이다.
>
> • 세네카

이 생각은 우리를 개인적 받침대 위에 올려놓고, 우리에게 일어나는 모든 일에 큰 중요성을 부여하려는 오늘날의 자기계발적 접근법과는 다르다. 스토아학파의 접근 방식은 정반대였다. 우주의 위대한 맥락에서 우리의 삶이 중요하지 않다는 걸 알리는 것이다.

스토아학파는 우리에게 변화만이 유일한 상수임을 상기시켰다. 불교는 일시성 또는 비영구성에 관한 사상으로 인정받았지만, 아주 새로운 사상은 아니었다. 최초의 불교 저술이 나오기 몇 세기 전에 그리스의 헤라클레이토스Heraclitus of Ephesus는 '모든 것은 흐른다'라고 번역할 수 있는 개념인 '판타 레이Panta Rei'를 제안했다. 스토아학파는 끊임없이 변화하기에 같은 강에서 두 번 목욕할 수 없다고 말하는 헤라클레이토스의 비유를 자주 사용했다.

끊임없는 변화와 우주에서의 우리의 작은 역할에 대한 성찰은 우리를 해방시킨다. 그것은 우리의 문제를 멀리서 보는 데 도움이 되고, 성공으로 교만해지거나 실패로 절망하는 걸 막아준다.

> 모래알 위에 쌓인 또 다른 모래알들이
> 곧 또 다른 모래알들에 덮일 걸 생각해보라.
> 이런 일이 인생에서도 일어나는데,
> 사건들 위에 쌓인 또 다른 사건들은
> 곧 새로운 사건들에 덮일 것이다.
>
> • 마르쿠스 아우렐리우스

그러므로 우리는 중요하지 않은 사건 때문에 마음의 평화를 잃어서는 안 된다. 광대한 공간과 시간의 관점에서 보기에 이런 문제는 그다지 중요하지 않다. 또한 우리의 삶은 빨리 지나가고, 다른 삶으로 대체될 것이다.

> 똑같은 자연의 창조물들은 끊임없이 공격을 받고 있으므로,
> 우리는 도시들의 파괴를 침착하게 지켜봐야 한다.
> 그것들은 필요에 의해서 멸망할 것이다.
> 내부 힘의 폭발, 외부 공격 또는 단순한 노화에 의한
> 공통된 운명이 그들을 기다리고 있다.
> 그들이 목적지에 도달할 가능성은 너무 커서 나열할 수 없지만,

한 가지는 확실하다. 인간이 만든 모든 것에는 끝이 있다.
우리는 죽을 운명에 처한 만물 속에서 살고 있다.

• 세네카

역설적으로 우리의 하찮음을 생각하면, 우울함이 아니라 해방
감이 생긴다. 우리의 문제는 생각보다 크지 않고, 다른 사람을 기
쁘게 하거나 사회적 관습을 따르는 것에 대해 그다지 걱정할 필
요도 없다. 두려움에서 해방된 사람은 우리가 가진 짧은 시간을
꿈을 이루는 데 사용할 수 있다.

06

위에서 바라보기
── 조감도 관점 연습

> 플라톤이 말했듯이, 인간에 대해 이야기하려면
> 모든 걸 위에서 바라보아야 한다.
>
> • 마르쿠스 아우렐리우스

이 기술은 인지 거리라는 이전 기술을 완벽하게 보완하지만, 그 자체로도 가치가 있다. 우리가 가진 문제에서 정신적으로 멀어짐으로써 그 상황을 더 잘 보고 집중할 수 있게 해주며, 더 나은 차원의 관점도 얻게 해준다. 두려움은 우리가 두려워하는 대상에만 주의를 집중시켜서 그 맥락을 보지 못하게 하는 소위 '터널 시각tunnel vision'을 활성화하기 때문이다.

이렇게 명확하게 보지 못하도록 방해하는 걸 막기 위해 스토아학파는 '위에서 바라보기' 연습을 언급했다. 높은 곳에서 자신을 본다고 상상해보라. 당신이 도시와 비교해 얼마나 작은지, 그리고 그 도시가 국가와 비교해 얼마나 작은지 알 수 있을 것이다. 그러고 나면 우리나라가 지구 속에서 얼마나 작은지, 그리고 지구라는 행성 자체가 은하계의 작은 지점에 불과하다는 사실을 깨닫게 될 것이다.

우리를 괴롭히는 많은 걱정은 불필요하다.
그것은 상상 속 창조물일 뿐이므로
그걸 제거하고 마음을 더 넓은 영역으로 확장시켜
우리 생각이 온 우주를 담게 할 수 있다.

• 마르쿠스 아우렐리우스

상상력을 통해 문제와 거리를 두면서 위에서 바라보는 방법을 자주 사용하면 매우 효과적인 결과를 얻을 수 있다.

이것은 상상해보는 걸 너머 직접 실험해볼 수도 있다. 이런 관점을 얻는 가장 좋은 방법 중 하나는 자연으로 나가보는 것이다. 큰 산이나 거대한 바다 옆에 서면 우리의 문제가 줄어드는 것만 같다. 여러 연구에 따르면, 자연에서 더 많은 시간을 보내면 문제를 바라보는 관점이 개선되고, 불안·우울증 증상도 감소한다. 이런 개선은 여러 방식으로 설명될 수 있지만, 그중 하나는 자기 존재를 자연의 관점에서 바라보고, 우리 자신이 훨씬 더 큰 뭔가 속에서 작은 일부분임을 깨닫게 해주기 때문이다.

물론 이것은 우리 문제가 무의미하다는 뜻은 아니다. 때때로 우리는 사건에 대한 해석에 사로잡혀 맥락을 잃어버린다. 따라서 상황에 따라 초점을 바꿀 수 있는 능력을 계발해야 한다. 먼저 적절한 관점을 얻기 위해 넓은 관점을 취한 다음 어떻게 행동해야 하는지 결정해야 한다. 실행 계획이 정해지면, 상황 개선에 에너지와 관심을 집중하게 될 것이다.

07

현재의 것들에게 감사

당신 앞에 많은 사람이 있는가?
뒤에 더 많은 사람이 있다는 사실도 잊지 말라.
당신의 가장 큰 문제가 무엇인지 아는가?
당신의 계산법이 잘못되었다는 것이다.
당신은 자기가 준 건 과대평가하고,
자기가 받은 건 과소평가한다.

• 세네카

우리의 뇌는 위협을 식별하는 데 특화된 기계이다. 자연선택은 행복이 아닌 생존을 선호한다. 잘못된 걸 잘 구별할 수 있는 능력을 갖춘 사람은 더 오래 살았고, 불만족은 행동을 유발했다.

우리는 이제 예전보다 훨씬 더 안전한 세상에서 살고 있지만, 우리의 뇌는 계속 주변의 모든 문제에 주의를 집중한다. 그리고 우리가 관심을 두는 것이 우리의 현실을 결정하기에 종종 상상의 문제에 압도당한다.

더군다나 우리의 문제는 주의력과 노력이 필요하지만, 우리가 가진 모든 좋은 점은 큰 노력 없이도 즐길 수 있다. 그래서 우리는 가지고 있는 문제가 우리의 특권보다 훨씬 더 많다고 착각한다. 하지만 역설적으로, 다른 사람을 평가할 때는 그 반대의 일이 벌어진다. 우리는 다른 사람이 우리보다 문제가 적고, 특권은 많다고 생각한다. 이것은 분노와 시기심이 가득한 삶을 살 수 있는 완벽한 비결이다.

앞서 살펴본 것처럼 감사는 시기심과 욕망에 대한 해독제이다. 욕망은 우리가 가지고 있지 않은 것에서 비롯되지만, 감사는 우리가 가진 것에서 시작된다. 그리고 우리는 가지고 있는 것에는 충분히 감사하지 않을 것이다.

당신의 주의력은 감정을 조절한다. 만일 당신이 부족한 것에 주의를 기울이면, 부러움이나 욕망을 느낄 것이다. 하지만 가진 것에 주의를 기울이면, 감사와 행복을 느낄 것이다.

당신이 가지고 있던 걸 잃어버렸을 때, 그걸 얼마나 원하게 될지 생각해보라. 그렇게 하면 '쾌락 적응'을 피하면서 새로운 눈으로 소유물과의 관계를 볼 수 있게 된다. 스토아학파는 우리와 비교할 사람들을 신중하게 선택하라고 조언한다. 많은 사람이 자신과 비교할 사람의 삶이 자신의 삶 중 최악의 날의 상황과 비슷한 상황에 처해 있기를 바란다는 걸 기억하라.

부정적인 감정이 올라온다면, 하루 동안의 일 중 좋은 일을 생각해보라. 오늘은 어땠는가? 낮에는 누가 당신을 위해 좋은 일을 했는가? 일어나지는 않았지만, 어떤 나쁜 일이 일어날 뻔했는가?

우리는 큰 사건을 기다리며 하루를 보내지만, 실제로 인생은 작은 순간들로 이루어진다. 불행히도 우리는 그 대부분의 순간을 평범하게 여기며 낭비한다.

주의력을 끌어올리면 지루한 경험을 즐거운 경험으로 바꿀 수 있다. 설거지할 때 따뜻한 물이 손에 닿는 느낌에 집중해보자. 사무실로 걸어가면서 얼굴에 바람을 느끼고, 나무와 식물의 모양도 관찰해보자.

이런 과정을 '향유하기Savoring'라고 하는데, 평범한 걸 새로운 것으로 바꾸어 우리의 행복감을 높이는 것이다. 우리는 이 개념을 음식에도 적용할 수 있다. 여러 연구에 따르면, 실제로 음식을 음미하는 것이 체중을 줄이고 스트레스를 낮추는 데 도움이 될 수 있다.

마지막으로, 감사는 단순한 순응을 의미하는 게 아니다. 실제로 감사하는 사람들은 목표를 더 자주 이루게 된다. 당신이 원하는 것들을 추구하면서 당신이 가진 것에 감사하라.

08

늘 마음에 새기고 반복하라
— 반복이 만드는 기적

> 나는 아직도 내 조언대로 행동하기 위해서는
> 그걸 떠올려야 한다. 하지만 항상 내 규칙을 따르는 건 아니다.
> 우리는 우리의 원칙들을 실천할 준비를 해야 하고,
> 위기의 순간에 그걸 빨리 실천하도록 내재화해야 한다.
> 어떤 양털은 염료를 빨리 흡수하고,
> 또 다른 양털은 염료에 여러 번 적셔야 한다.
>
> • 세네카

이 기술은 스토아적 원칙들을 포함한다는 점에서 이전의 모든 기본 개념을 합친 것으로 볼 수 있다. 우리는 마음을 다시 정비하고, 더 유용하고 생산적인 반응을 하기 위해 기존에 학습된 자동 반응을 바꾸려고 노력하고 있다. 불행히도 수년에 걸쳐 수천 번의 반복으로 강화된 이런 정신적 패턴을 변경하기는 쉽지 않다. 다시 정비하기 위해서는 많은 반복이 필요하다.

세네카는 다양한 염료에 양털을 담그는 비유를 사용했다. 특정한 양털이 다른 양털보다 염료를 더 빨리 흡수한 것처럼, 일부 사람들의 마음도 다른 사람의 마음보다 스토아적 원칙을 더 빨리 흡수하거나 더 오래 걸릴 수 있다. 우리의 마음이 올바른 색상을 가지려면 이런 생각에 자주 잠겨야 한다.

마르쿠스 아우렐리우스가 말했듯이, 마음은 우리 생각의 색으로 물든다. 다음과 같은 자주 반복되는 질문이나 말은 스토아적 원칙들을 적시에 그리고 '가까운' 곳에 두는 데 도움이 된다.

+ 이것은 나에게 달려 있는가? 내가 할 수 있는 일이 있는가?
+ 나는 내가 통제할 수 없는 걸 바라는가?
+ 이것이 내 첫 느낌을 그대로 드러내는 것만큼 안 좋은가?
+ 이 문제가 1년 후에도 중요할까? 10년 후에도 중요할까?
+ 이 상황에서 무엇을 배울 수 있을까? 어떻게 하면 이 상황을 내게 유리하도록 이용할 수 있을까?
+ 나는 사물을 실제로 있는 그대로 보고 있는가, 아니면 가치 판단을 더 하고 있는가?
+ 바로 지금 내게 문제가 있는가? 상황들보다 앞서 나가고 있는가?
+ 내 감정이 현실을 반영하는가, 아니면 과도한 정념에 희생당하고 있는가?
+ 나는 가진 것에 감사하기보다, 없는 걸 바라는 데 더 많은 시간을 할애하는가?
+ 통제 범위 내에서 중요한 일에 내 주의를 집중하고 있는가?
+ 이 행동이 내 가치 및 장기 목표와 일치하는가?

- ✦ 해야 할 일을 하라.
- ✦ 내가 쾌락을 조종하는가, 아니면 쾌락이 나를 조종하는가?
- ✦ 지금 유혹에 넘어가면 나중에 어떤 기분이 들지 생각해보라.
- ✦ 지금 절제할까, 아니면 나중에 후회할까?
- ✦ 세네카라면 나와 같은 상황에서 무엇을 할까?
- ✦ 나는 이것을 처리할 수 있다.
- ✦ 이것도 다 지나갈 것이다. 감정은 오락가락한다. 오직 이 순간을 극복할 생각에만 집중해야 한다.
- ✦ 메멘토 모리

이것은 간단한 예시들이다. 시간이 지남에 따라 각자의 규칙을 만드는 것이 좋다. 각 상황과 힘든 정도에 따라 어떤 규칙들은 다른 사람보다 더 많은 도움이 될 것이다. 당신이 공감하는 문구를 적고, 자주 반복하라. 이렇게 하다 보면, 그것이 적시에 자동으로 작동될 것이다.

> 이런 규칙들은 작은 차원으로 보기에 씨앗과 같지만,
> 비옥한 마음을 찾으면, 장기적인 결과를 맺는다.
>
> • 세네카

최근 과학은 이런 방식으로 자신과 대화하면 우리의 생각과 감정, 그리고 궁극적으로 우리의 행동이 수정됨을 보여준다.

09

준비와 반성

스토아학파는 하루의 특별한 일정들을 미리 정하지는 않았지만, 매일 아침마다 하루의 시작을 준비하고, 잠자리에 들기 전에 하루를 반성하는 것이 특별히 도움이 된다고 보았다.

이렇게 우리가 세상의 소용돌이 속으로 들어가기 전에 몇 분 동안 준비를 한다면 하루가 더 풍요로워질 것이다. 오늘의 주요 목표와 집중해야 할 활동들을 정하라. 오늘 달성하고 싶은 일은 무엇인가? 무엇을 하길 원하는가? 달성하고자 하는 목표를 간단하게 말해보면, 지연과 산만함을 극복할 수 있다.

준비는 이루고자 하는 목표를 설정하는 것뿐만 아니라, 어떻게 행동해야 하는지를 결정하는 데 필요하다. 마르쿠스 아우렐리우스는 매일 아침 이기적이고 배은망덕한 사람들을 만나야 하지만, 마음의 평온이나 타인에 대한 애정을 잃지 않을 거라고 스스로에게 다짐했다. 그처럼 하루를 시작하면서 부정적 시각화를 적용할 수 있다. 오늘 무엇이 잘못될 수 있을까? 그런 위험을 줄이기 위해 무엇을 할 수 있을까? 위험을 줄일 방법이 있다면, 그걸 실천하라. 그렇지 않다면 어떤 상황이든 일어날 수 있다는 사실을 인정하고, 그걸 처리할 준비가 되어 있다는 사실도 떠올려라.

현자는 포르투나Fortuna(운명의 여신)가

진정으로 소유할 수 있는 건

아무것도 주지 않는다는 사실을 떠올리며 하루를 시작한다.

공적인 것이든 사적인 것이든, 안정적인 건 없다.

• 세네카

초기 준비에는 감사의 순간도 포함되어야 한다. 마르쿠스 아우렐리우스는 일기에서 새벽이 온 것에 감사했다. 그는 하루하루를 자신을 실험하고 성장시킬 새로운 기회로 보았다.

요컨대 매일 아침, 마음을 준비할 시간을 가져보라. 명확한 목표를 갖고 부정적인 감정 없이 어떤 도전에도 맞설 준비가 되어 있다면, 이제 활동을 시작할 수 있다.

하루의 결산은 하루를 마친 시간에 하는데, 이는 우리의 행동을 검토하고 반성하는 시간이다.

매일 나는 나만의 법정에서 내 사건을 변론한다.
불이 꺼지고 내 이런 습관을 잘 아는 아내가 자리를 피해주면,
나는 오늘 하루를 점검한다.
그리고 내가 한 행동과 말을 샅샅이 다시 살펴본다.

• 세네카

지금은 자신이 설정한 목표를 달성했는지, 그리고 원칙에 따라 행동했는지 자문해볼 순간이다. 무엇을 올바르게 했는가? 무엇을 잘못했는가? 어떻게 개선할 수 있는가?

세네카는 매일 밤 판사 앞에 앉아서 이 과정을 밟았다. 밤이 되면 비록 자기의 법정에서라고 해도 자기 행동을 결산해야 한다는 사실을 안다면, 자기의 행동에 더 주의를 기울일 가능성이 커진다.

에픽테토스는 하루가 끝날 무렵마다 완성하지 못한 일이 무엇인지 자문하고, 그걸 다음 날의 목적으로 남겨두었다. 마르쿠스 아우렐리우스 또한 자신의 일상적 행동에 대해 자주 반성하면서 "자기 실수를 알아야 그걸 바로잡을 수 있다"고 강조했다.

나는 이성적 존재로서 내 잠재력에 접근하고 있는가?
나는 무엇을 위해 마음을 바치고 있는가?
나는 두려움이나 욕망 때문에 내 길에서 빗나가고 있는가?

• 마르쿠스 아우렐리우스

매일 당신이 맞게 되는 도전들에 대한 반응과 행동에 관해서 반성하면 자신을 더 잘 알고서 성장할 수 있다. 발전은 우연히 일어나지 않는다.

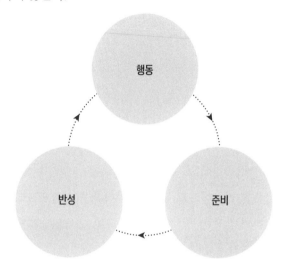

그리고 늘 그렇듯이, 이 연습의 목표는 실수에 관한 자책이 아니라 개선이다. 세네카의 말처럼, "'나는 널 용서하지만, 다시는 그렇게 하지 마'라고 말할 수 있다면, 내 행동을 점검하는 걸 두려워할 이유가 없다."

만일 매일 이런 준비와 반성을 하는 게 벅차다면, 일주일에 한 번도 괜찮다. 월요일 아침에는 한 주를 계획하고, 다음 일요일 오후에는 주요 성공과 실수에 대해 생각해보라.

10

아우렐리우스처럼 쓰라

— 일기 쓰기

이것들은 철학자들이 매일 숙고하고,
생각하고, 써야 하는 것들이다.

• 에픽테토스

앞서의 준비와 반성의 과정은 마음속으로 해볼 수도 있다. 그저 우리의 생각과 감정 및 행동을 인식하는 것만으로도 발전할 수 있다. 하지만 모든 걸 일기로 기록하면, 한 단계 더 나아갈 수 있다. 때로는 가장 간단한 도구가 가장 효과적인데, 특히 일기가 그렇다.

생각을 종이로 옮기면 지속적 학습 과정이 향상될 것이다. 글쓰기는 우리 생각을 명확히 하고, 우리를 가로막는 장애물을 식별하며, 진행 상황을 더 잘 평가할 수 있게 도와준다. 또한 우리 생각을 관찰하게 해준다.

실제로 마르쿠스 아우렐리우스의 『명상록』이 그의 일기라는 사실을 잊지 말자. 그래서 읽다 보면 명확한 순서가 보이지 않고, 같은 생각과 개념이 여러 번 반복된다. 그것은 그가 실패했을 때마다 행동하는 법을 떠올리고 자신을 바로잡는 그만의 방식이었다. 그것은 일종의 자기 훈련이었지만, 시간이 지남에 따라 그의 핵심 유산이 되었다. 그는 자신에게 도움이 되기 위해 노력하다가 사후 거의 2천 년간 계속해서 우리에게 영감을 주는 예술 작품을 만들게 되었다.

에픽테토스 또한 학생들에게 일기를 쓰도록 권장했다. 먼저, 이것은 그들이 배운 걸 기억하게 하기 위해서였다. 그런 다음 자신의 경험을 반성하고, 새롭게 얻은 지식을 적용하기 위해서였다.

최근 연구는 여러 면에서 일기의 힘을 보여준다. 목표들에 대한 글을 쓰면 정신이 집중되어 산만함이 줄어든다. 실수를 되돌아보면 다시 실수할 가능성도 줄어든다. 당신의 성과를 검토하면 자존감이 높아지고, 동기 부여도 더 많이 이루어지면서 올바른 행동이 강화된다. 그리고 배운 걸 기억하면, 그걸 통합하고 진행 상황을 인식할 수 있다. '감사 일기'를 쓰면 부정적인 감정이 줄고, 더 많은 에너지를 얻을 수 있다. 또 걱정거리를 종이에 적으면 정신적 부담이 줄어들어 해결책을 찾는 데 도움이 된다.

요컨대 일기는 당신의 변화 과정에서 훌륭한 동반자이며, 당신의 본모습과 원하는 모습 사이의 격차를 해소시켜주는 훌륭한 도구이다. 당신의 일기는 변화의 증거가 될 것이다.

당신의 선택

당신이 살아 있는 한, 계속 사는 법을 배우라.

• 세네카

이제 마지막까지 왔다. 이제 이 책을 옆에 두고서 그대로 따르거나 당신만의 철학을 개발하는 데 전념할 수 있다. 당신이 무의식적 덩어리에 계속 휩쓸리든지, 마음을 통제할지는 스스로 결정하라. 기존의 편안한 상태로 그냥 있거나, 더 나아지기 위해 노력하는 건 당신의 뜻에 달렸다. 전자는 더 유혹적이지만, 후자는 우리의 삶을 더 풍부하게 해준다.

헤라클레스처럼 당신은 카키아(악)의 길이나 아레테(미덕)의 길 또는 쉬운 삶이나 목적이 있는 삶 중에서 선택해야 한다. 단, 현재의 쉬운 결정은 종종 미래의 어려운 삶으로 이어진다는 사실을 잊지 말라. 당신의 상황이 어떻든, 행동을 시작하면 개선될 것이다.

당신은 이미 새로운 철학을 만드는 데 필요한 모든 걸 가지고 있다. 그리고 오늘은 당신의 삶의 방향을 바꾸는 일을 시작하기에 좋은 날이다.

스페인 독자들의 반응

- 그의 책 몇 권을 읽고 글쓰기 방식이 마음에 들어서 두 번 생각하지 않고 바로 샀다. 10점 만점에 10점. 가까운 사람들에게 정말 권하고 싶은 몇 안 되는 책 중 하나.

- 20퍼센트가 80퍼센트의 혜택을 준다는 스토아철학의 완벽한 종합 편이다. 학교에서 이 책 읽기를 권장하는데, 어떤 책보다 삶에 더 유용할 것 같다.

- 이 책의 작가에게서 나오는 최고의 것은 큰 가치를 단순화하는 능력, 그리고 명료함이다.

- 나의 새로운 바이블이다. 나는 삶을 개선하는 데 도움이 될 공식을 배우고 채택하는 데 열정을 가진 사람이다. 이 책은 확실히 보물이다. 실용적이고, 흥미진진하고, 읽기도 쉽다. 읽고 나서 스토아철학을 일상에 적용하는 것은 우리의 몫이다. 100퍼센트 추천!!!

지은이 마르코스 바스케스Marcos Vázquez

스페인의 유명한 스토아주의 헬스 트레이너. '혁명적 피트니스(Fitness Revolucionario)' 블로그와 팟캐스트를 운영한다. 스토아철학에 정통한 트레이너라는 이색적인 커리어를 가진 저자는 오랜 트레이닝 경험에서 훈련자의 몸보다 마음의 단단함이 훨씬 더 나은 성과를 가져온다는 사실을 깨닫고 스토아철학을 집중 연구하여 자신의 프로그램에 적용하였다. 수많은 경험자들의 입을 통해 그의 훈련 방식이 최고의 결과를 낳는다는 사실이 알려지고 일약 스타 트레이너의 반열에 올랐다. 저서로는 이 책 외에도《혁명적 피트니스》,《사슬이 풀린(Desencadenado)》등이 있다.

옮긴이 김유경

멕시코 ITESM 대학과 스페인 카밀로호세셀라 대학에서 조직심리학을 공부했다. 통·번역가로 활동 중이며, 스페인어권 작품과 독자들이 더욱 자주 만났으면 하는 꿈을 갖고 있다. 번역한 책으로《나는 커서 행복한 사람이 될 거야》,《42가지 마음의 색깔 2》,《다섯 살 감정 여행》,《29가지 꿈의 색깔》,《세상을 버리기로 한 날 밤》,《사랑에 빠지게 만드는 기술》,《카를로스 슬림》,《동물들의 인간 심판》,《가난포비아》,《언어의 뇌과학》,《마음 홈트》등이 있다.

스토아적 삶의 권유

초판 1쇄 인쇄 | 2021년 12월 20일
초판 2쇄 발행 | 2023년 1월 25일

지은이 | 마르코스 바스케스
옮긴이 | 김유경
펴낸이 | 정성진
펴낸곳 | (주) 눈코입(레드스톤)

전화 | 031-913-0650
팩스 | 02-6455-0285
이메일 | redstonekorea@gmail.com

ISBN 979-11-90872-19-5 (13190)